不器用・運動が苦手な子の理解と支援のガイドブック

DCD（発達性協調運動症）入門

岩永竜一郎・辻井正次 ［編著］

金子書房

はじめに

　学校や保育園の中に姿勢が保てなくて椅子からずり落ちそうになっている子ども，文字がきれいに書けない子ども，箸がうまく使えない子ども，ボールを使った遊びが苦手な子どもなどがいます。このような協調運動に困難がある子どもの中に発達性協調運動症（Developmental Coordination Disorder：DCD）という診断がつく子どもがいます。DCD は発達障害の一種であり，本来，合理的配慮や特別支援教育の対象となるものです。

　ところが，以前は DCD について専門家の間でも知られておらず，その診断を受けている子どもは，非常に少ないものでした。協調運動の問題が明らかで DCD があるにもかかわらずスクリーニングされていない子どもも多くいました。学校・保育園等においても，DCD 児が支援の対象であると認識されず，特性に合わせた対応をしてもらえないことが，少なくなかったと思います。協調運動の問題が発達障害の特性として起こっていることが知られていなかったために，DCD 児が姿勢を崩すと大人が叱ったり，不器用な動きを見た他の生徒がからかったりすることなどもたくさんあったことでしょう。このような周囲の人の理解の欠如による不適切な対応を受けやすかったために，DCD 児の多くは自己効力感の低下が見られていました。DCD 児の多くは運動の不器用さによる困難を抱えるだけでなく，適切な理解と対応の欠如による生きづらさも抱えてきました。

　以上のように，DCD 児への理解と気づき，支援が不足していたことは大きな問題であり，それを改善する必要がありました。そこで，私たちは，厚生労働省令和4年度障害者総合福祉推進事業指定課題「協調運動の障害の早期の発見と適切な支援の普及のための調査」を行いました。この中で，全国の保育士や保健師を対象に調査を行い，保育現場，乳幼児健診現場で，DCD への認識・支援，DCD のアセスメント，支援などにおいて，さまざまな課題があることがわかりました。同事業を通して，教育・保育，福祉サービス，保健サービ

スにおいて，DCD支援が充実するためには，DCD に関するわかりやすい情報，簡便なアセスメントツール，実践しやすい支援方法などの提示が必要であると考えました。

　このようなことから，DCD に関わる人たちに活用していただけるツールとして本書を出版することにしました。本書は，前述の推進事業に携わったDCD児支援の専門家により執筆されています。きっと，本書の内容は多くの支援現場で役立つものであると思っています。

　この本がDCD児の支援の発展に貢献するものとなることを願っています。

2024年 1 月

岩永 竜一郎

目　次

第3章
DCDへの気づき・アセスメント ━━━━━━━ *14*

第4章

DCD のある子への支援
──具体的な問題への対応─────────────────────56

第5章
DCD への医療
_____*110*

付録のダウンロードおよび使用に関して

　本書に掲載している一部の資料は，金子書房ウェブサイトよりダウンロードして使用することができます。

【ダウンロード方法】
①金子書房ウェブサイト内『不器用・運動が苦手な子の理解と支援のガイドブック――DCD（発達性協調運動症）入門』の書籍ページにアクセスします。

> 不器用・運動が苦手な子の理解と支援のガイドブック　　検　索

②書影の下のダウンロード用バナーをクリックして，以下のユーザー名とパスワードを入力してください。
　ユーザー名: DCDguide　／　パスワード: Pb2rBSNT

【注意】
　1. 本サービスは，本書をご購入いただいた方のみご利用いただけます。上記のユーザー名およびパスワードは第三者に知らせたりメールなどで送信したりしないようにしてください。
　2. すべてのファイルには著作権があります。ご使用は，教育・臨床・研究目的に限定されます。参加費などを徴収する有料の研修会などでのご使用に際しては，出典を明記するとともに，金子書房宛てに使用許可の申請をお願いします。内容を確認の上，可否を判断させていただきます。
　3. 改変・無断転載は禁止いたします。
　4. ファイルはご使用になる方の責任でお使いください。著者および出版社は，本サービスの利用による結果に関して，一切責任を負わないものとします。
　5. 収録されているそれぞれのファイルには，パソコンの動作環境に関する制限があります。うまく作動しない場合には，それぞれのソフトウェアの最新版でお試しください。
　6. 本サービスの内容は予告なく変更になる場合があります。あらかじめご了承ください。

第1章

学校・保育の現場にいる
不器用・運動が苦手な子どもたち
——DCD の早期の発見と適切な支援の普及のために

1 学校・保育の場にいる DCD のある子どもたち

　学校や保育園の中には，発達性協調運動症（Developmental Coordination Disorder：DCD）という診断がつく子どもがいます。DCD は発達障害の１つのタイプであるのですが，他の発達障害に比べて十分知られていないのが現状と思います。発達障害の中では，これまで特に学習障害（LD），注意欠如・多動症（ADHD），自閉スペクトラム症（ASD）はよく知られるようになり，支援が推進されてきました。ところが，DCD は，教育現場や保育現場でも，まだ十分認識されていないため，支援が充実していないようです。DCD のある子どもは，５～６％いることがわかっています（APA, 2013 髙橋・大野監訳 2014）が，そのほとんどは特別な支援を受けていないと思われます。

　DCD について，周囲の人が深刻な問題ととらえず，特別な支援が必要だと思わないことがあります。ところが，彼らが日常生活においてさまざまな困難を抱えることが多くの研究で報告されています。協調運動の問題により，学校生活で困難が出やすく，体育などで他の生徒よりもうまくできないこと，休み時間に運動を伴う遊びを避けることなどから，劣等感や疎外感を感じることが多いことが知られています。DCD のある子どもは自己概念が低く友人関

係も苦手になりやすいこと（Cocks, Barton & Donelly, 2009），学齢期の運動機能の問題が学校でのQOL（Quality of life：生活の質）と関係していたこと（Raz-Silbiger, Lifshitz, Katz, Steinhart, Cermak & Weintraub, 2015）などが明らかになっています。DCDのある子どもには抑うつ傾向が見られやすいこと（Lingam, Jongmans, Ellis, Hunt, Golding & Emond, 2012）もわかっています。このようなことから，学校や保育園などでDCDのある子どもの支援を深く考える必要があります。

❷ 保育現場，健診現場での DCD への気づき，対応

　DCDのある子どもは多くいますが，それらの子どもに対して，周囲の人が気づいて支援を展開することは重要です。ところが，現在は気づきや支援において十分とは言えない状況があると思います。そこで，まず私たちは保育現場や乳幼児健診現場で，DCD児がどのようにどの程度把握されていて，どのような対応をされているのかを調べてみました。

　ここに私たちが実施した厚生労働省令和4年度障害者総合福祉推進事業の調査結果（岩永他，2023）を示します。

⑴ 保育施設における発達性協調運動症の実態把握と
　 支援の現状に関する調査

　保育施設における発達性協調運動症の実態把握と支援の現状に関して調査するために全国の保育施設から2,000施設をランダムに抽出し，アンケート調査を行いました。

　全国の保育施設一覧を作成し，都道府県ごとの保育施設設置割合に応じて，ランダムに送付先を選定し，アンケートを郵送しました。その結果，580件（回収率29%）の回答がありました。その主な結果を示します。

　発達障害への認識についての質問「保育者は自閉スペクトラム症（ASD）をご存じですか？」には，89%が「全員知っている」または「ほとんどは知

っている」と回答しており（図1-1），「保育者は注意欠如・多動症（ADHD）をご存じですか？」には，91%が「知っている」，または「ほとんどは知っている」と回答し（図1-2），ASD，ADHD に関してはほとんどの職員が知っていることが示されました。一方で，「保育者は発達性協調運動症（DCD）をご存じですか？」の質問には，「全員知っている」，「ほとんどは知っている」と回答したのは23%であり（図1-3），ASD，ADHD に比べて知られていないことが明らかとなりました。

　保育士から見て，発達の問題があると考えられる園児は「知的遅れ」が5.4%，「ADHD」が7.5%，「ASD」が5.6% でしたが（表1-1），発達性協調運動

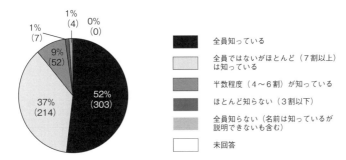

図1-1　「貴園の保育者様は自閉スペクトラム症(ASD) をご存じですか（その特性がある子どもに気付ける）？」への回答（岩永他，2023）

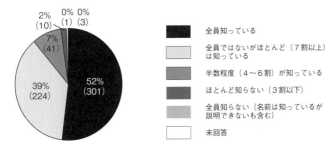

図1-2　「貴園の保育者様は注意欠如・多動症(ADHD) をご存じですか（その特性がある子どもに気付ける）？」への回答（岩永他，2023）

症の診断がある子どもは0.2%でした（表1-2）。これはあくまで園の保育士が把握している数値であり，保護者が診断を園に報告していない子どもがいる可能性はありますが，DCDの有病率は5〜6％とされていることから（APA, 2013　髙橋・大野監訳　2014），まだ幼児期（5〜6歳）においてDCDと診断されている子どもが少ない可能性が示唆されています。ただし，「DCDの診断がある子どもや協調運動に不器用さが目立つ子ども」のデータで保育士から見て「発達性協調運動症の診断はないが協調運動の不器用さがある子ども」は4.8%となっており，アメリカの精神医学会の『DSM-5 精神疾患の診断・統計マニュアル』（APA, 2013　髙橋・大野監訳　2014）が示すDCDの有病率に近い比率となりました。保育士はDCDの可能性がある子どもについて，運動が不器用な子どもとして把握しているのかもしれません。

　ただし，「DCDのある子どもを受け入れたことがあるか」のグラフの結果（図1-4）を見るとDCDの診断がある子どもを受け入れたと回答した園は7％であり，これらの子どもが発達障害の可能性があることや支援が必要という認識をもって保育士が関わっていることは少ないかもしれません。

　本調査で「発達障害のある子どもを園に受け入れたことがあるか」の質問ではASDの診断がある子どもを71％の園が，ADHDの診断がある子どもを60％の園が受け入れたと回答されていたことを踏まえると，DCDと把握されている子どもの在籍比率は極端に少ないと思います。DCDのある子どもは，実際には多くの園にいるはずで，ASDのある子ども以上に存在する可能性が

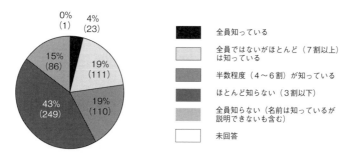

図1-3　「貴園の保育者様は発達性協調運動症(DCD)をご存じですか（その特性がある子どもに気付ける）？」への回答（岩永他，2023）

表1-1　「貴園には以下の特性がある園児が 5〜6 歳児の中にどのくらいいますか？」への回答（岩永他，2023）

	人数（人）	割合（%）
5〜6児全員	14,309	
知的遅れ	774	5.4
ADHD 等	1,075	7.5
ASD 等	807	5.6

表1-2　「現在，貴園の 5〜6 歳児の中に発達性協調運動症の診断がある子どもや協調運動に不器用さが目立つ子どもは何名ほどいますか？」への回答（岩永他，2023）

	人数（人）	割合（%）
5〜6児全員	14,309	
発達性協調運動症の診断がある子ども	32	0.2
発達性協調運動症の診断はないが協調運動の不器用さがある子ども	680	4.8

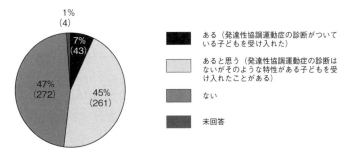

図1-4　「貴園では，これまで発達性協調運動症(DCD) のある子どもを受け入れたことがありますか？」への回答（岩永他，2023）

高いと思いますが，まだそれが保育園内で十分認識されていない可能性がある
のではないでしょうか。

　多くの保育士は，運動の不器用がある子どもが多くいることは気づいている
可能性があるため，そのような子どもの中にDCDのある子どもがいて困って
いることや，現在も将来も特別な支援や配慮が必要になる可能性があることを
認識してもらうことが重要だと考えます。

(2)　保健センターにおける発達性協調運動症の実態把握と支援の現状に関する調査

　DCDのある子どもの早期発見は，二次障害を防ぐためにも，早期療育につ
なげるためにも重要です。それをするためにも，乳幼児健診でのスクリーニン
グが重要であると思います。

　このようなことから，乳幼児健診等で，DCDのある子どもがどの程度スク
リーニングされ，保健センター等でどのような支援が行われているのかを明ら
かにするために全国の乳幼児健診担当者を対象にアンケート調査を行いました。

　調査方法は，全国の市区町村の乳幼児健診担当部局（1,724件）の担当者に
調査依頼すべく，調査への協力依頼，アンケートをメールで，厚生労働省→
都道府県→市区町村の流れで配布してもらいました。市区町村の担当者には
Webフォームでの回答を依頼，URLが開けないところには，文書作成ソフト
で作成したファイルで送付しました。

　主な結果を説明します。調査結果は，回答数320件で回収率は18.6％でした。
「貴自治体の乳幼児健診に直接関与する保健師様は発達性協調運動症をご
存じですか（その特徴を保護者に説明できる）？」の質問では，DCDについ
て「全員」または「ほとんど」が知っている自治体は32％でしたが，「ほとん
ど」または「全員」知らない自治体が43％でした（図1-5）。乳幼児健診担当
者の中にDCDを知っている人がいない，または少ない自治体が多いことがわ
かりました。

　「貴自治体での乳幼児健診で発達性協調運動症のスクリーニングを行ってい
ますか？（脳性まひ，筋ジストロフィー等ではないが，不器用さが見られる

場合に発達障害リスク児と判定しているか）」の質問では，DCD のスクリーニングを「行っている」と回答した自治体は 31% で，運動の不器用さのみでは，「リスク児としない」自治体は 69% でした（図1-6）。この結果から，協調運動の問題のみでは，発達の問題としてスクリーニングされにくい地域が多いと考えられます。

　まだ，DCD に関する認識が他の発達障害に比べ十分浸透していない可能性があり，乳幼児健診で，DCD のある子どもがスクリーニングされることが少ないことがわかりました。

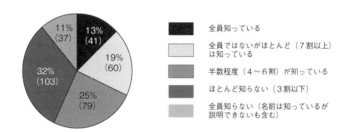

凡例：
- 全員知っている
- 全員ではないがほとんど（７割以上）は知っている
- 半数程度（４～６割）が知っている
- ほとんど知らない（３割以下）
- 全員知らない（名前は知っているが説明できないも含む）

図1-5　貴自治体の乳幼児健診に直接関与する保健師様は発達性協調運動症をご存じですか（その特徴を保護者に説明できる）？（岩永他，2023）

凡例：
- 行っている
- 行っていない（運動の不器用さのみの場合リスク児としない）

図1-6　「貴自治体での乳幼児健診で発達性協調運動症のスクリーニングを行っていますか？（脳性まひ，筋ジストロフィー等ではないが，不器用さが見られる場合に発達障害リスク児と判定しているか）（岩永他，2023）

3 今後に向けて

　以上のように DCD のある子どもへの気づき，理解，対応が，多くの支援現場で不十分な状態にあると思います。今後，DCD のある子どもが早期に気づかれ，正しく理解され，的確な支援がなされることが望まれます。そこで，本書では，DCD のある子どもの理解，アセスメント，支援について，説明しています。ぜひ，ご参考にしていただければと思います。なお，DCD はその範疇に入るのに専門機関につながらないことが多々ありますし，その傾向があるものの診断がつかない子どもがいたりします。よって，DCD の診断がある子どもの支援を考えるだけでなく，診断がつかないけれどもそのような可能性や傾向がある子どもも支援していく必要があります。そのため，本書をより多くの保育者，教育者にも読んでいただき，診断がついていない子どもも含めて，保育園，学校でできる支援を考えていただけるとありがたいです。

　本書が多くの DCD やその傾向がある子どもや家族の支援につながることを願っています。

（岩永 竜一郎）

文献

American Psychiatric Association. (2013). *Diagnostic and statistical manual of mental disorders (5th ed.).* APA.（APA. 髙橋 三郎・大野 裕（監訳）染矢 俊幸・神庭 重信・尾崎 紀夫・三村 將・村井 俊哉（訳）(2014). DSM-5 精神疾患の診断・統計マニュアル　医学書院）

Cocks, N., Barton, B., & Donelly, M. (2009). Self-concept of boys with Developmental Coordination Disorder. *Physical and Occupational Therapy In Pediatrics*, 29(1), 6-22.

岩永竜一郎他（2023）．厚生労働省令和4年度障害者総合福祉推進事業指定課題「協調運動の障害の早期の発見と適切な支援の普及のための調査」報告書　令和5年3月　長崎大学生命医科学域　Retrieved from https://www.mhlw.go.jp/content/12200000/001113437.pdf（2024年1月25日）

Lingam, R., Jongmans, M. J., Ellis, M., Hunt, L. P., Golding, J., & Emond, A. (2012). Mental health difficulties in children with developmental coordination disorder. *Pediatrics*, *129*(4), e882-891.

Raz-Silbiger, S., Lifshitz, N., Katz, N., Steinhart, S., Cermak, S. A., & Weintraub, N. (2015). Relationship between motor skills, participation in leisure activities and quality of life of children with Developmental Coordination Disorder: temporal aspects. *Research Developmental Disabilities*, *38*, 171-180.

第2章

DCD とは

──支援者が知っておきたい基礎知識・理解

1　DCD とは

　DCD とは，発達性協調運動症（Developmental Coordination Disorder）の英語の頭文字をとって呼ばれています。DCD は，発達障害の１つです。最近ではよく耳にするようになった，自閉スペクトラム症（ASD）や注意欠如・多動症（ADHD）なども発達障害ですので，同じグループのものと考えるとわかりやすいでしょう。DCD は，大きな病気やケガがないのにもかかわらず，運動の不器用さが極めて大きい障害のことです。この章では，DCD という言葉を初めて聞く人をイメージして説明をします。

2　運動のこと

　運動というと，この本をお読みの方にも体育やスポーツの苦手さなど，思い当たることがあるかもしれません。しかし，ここでの運動とは，体育やスポーツだけではなく，日々の生活において体を動かすことすべてが含まれます。例えば，箸を使ったり文字を書いたりすることなどの手や指を使う運動や，階段

の上り下りや自転車に乗ることなども含まれます。

　これらの運動は，身体のいくつかの部分をうまく「つなげて」行うために，協調運動と呼ばれます。1つの例として，縄跳びを考えてみましょう。縄跳びをするためには，縄を持って回す手，縄が下に来たときにジャンプをする足，縄の動きを見る目，などが必要となります。手と足と目がすべてバラバラに動いてしまうと，縄を跳ぶことはできません。手と足と目が1つのつながりをもって動くこと，すなわち協調して動くことではじめて，縄を跳ぶことができます。DCDのある子どもは，こうした協調運動に大きな苦手さを示します。したがって，運動の不器用さとは，協調運動を指すものであり，スポーツで取り上げるような「力強さ」，「持久力」，「瞬発力」を指すものではないと考えるとよいでしょう。

3　協調運動の苦手さ

　DCDのある子どもが苦手さを示す協調運動は，大きく3つに分けられます。1つ目は，手や指を使う運動です。「微細運動」とも言われます。これらには，箸やスプーンなどの食具を使うことや，文字を書くこと，洋服のボタンやチャックを留めること，靴紐を結ぶことなどが含まれます。洋服のボタンを例に苦手さを考えてみましょう。まず，ボタンを指先でしっかりと持てずに何回も持ち直すことがあります。また，ボタンを穴に通すことにも時間がかかります。さらに，ボタンを通したとしても，穴の反対側からボタンを引き出せずに，また元に戻ってしまうこともあります。その他には，箸をうまく使えずにおかずが落ちてしまう，文字がマス目からはみ出ること，などが苦手さとしてはよくみられます。

　2つ目は，身体全体を使う運動です。「粗大運動」とも言われます。これらには，階段の上り下りをすることや，スキップや片足ケンケンをすること，ジャンプをすることなどが含まれます。ここでは，片足ケンケンの苦手さを例に説明します。園（保育園，幼稚園，こども園）などでケンケン遊びをするときに，片足ケンケンをしても1回しか続かず，すぐに両足で着地してしまう子

がいます。また，ケンケンをしようとしても，ケンケンのイメージがわかずに，その場で普通の駆け足になる子もいます。さらには，無理にケンケンを続けようとして，転んでしまう子もいます。このように身体全体を使う運動のやり方がわからない，動きが続かない，といった苦手さがよくみられます。

　3つ目は，目の動きと手の動きを合わせる運動です。「目と手の協調（協応）」とも言われます。これらには，指で物を数えることや，サッカーボールを蹴ること，飛んでくるボールをキャッチすること，虫をつかまえること，などが含まれます。例えば，ボールをキャッチすることの苦手さを考えてみましょう。投げられたボールが手元に来るタイミングよりも，はるか前に手を出してボールを追いかける子がいます。また，投げられたボールが身体や頭に当たってからはじめて，手を閉じてボールを取ろうとする子もいます。このような子どもたちは，ボールそのものは見えていますが，ボールを見ている目の動きと，それに合わせて手を動かすことに苦手さがあります。この他には，指で物を数えるときに，指さしと声がずれたり，止まった状態のサッカーボールを蹴ろうとしても当たらなかったり，といった苦手さがみられます。

4　苦手さの考え方

　こうした協調運動を苦手とする子どもは少なくありません。では，どのような子どもを DCD と考えるのでしょうか。それには，2つのポイントがあります。1つ目のポイントは年齢です。DCD のある子どもでは，その子の年齢であればできると思われる運動でさえも，大きな苦手さがみられます。例えば，5歳の子どもがピアノを弾けなくても DCD とは考えません。5歳の子どもが，フォークをうまく使えない，片足立ちが長く続かない，となると DCD かもしれないと考えます。ここで大事なことは，運動する場面や経験が十分にあっても，苦手さがなくならないことです。フォークを使い始めて間もない頃は，どんな子どもでも上手には使えませんが，使っているうちに徐々に上手に使えるようになります。一方，DCD の子どもは，同じ年齢の子どもと同じぐらい使い，かつ使い方を教えてもらってもなお，苦手さが残ることが多いです。この

ように，DCD かもしれないと気づく詳しい視点については，第 3 章をご覧ください。

　2 つ目のポイントは，苦手さの影響です。運動の苦手さが，園や学校，家庭など子どもの生活において大きな問題となっている場合に，DCD と考えます。ある小学生を例に説明します。この子は，文字を書くことに大きな苦手さがあり，黒板の内容をノートに書き写すことや，計算ドリルをすることに，多くの時間がかかっていました。また，何度も書いては消すを繰り返すために，授業内容から遅れるようになり，徐々に学習成績が落ちました。そして，勉強全般が嫌いになり，学校を休むようになりました。この小学生のように，生活に問題が生じるほど，運動の苦手さが大きな場合に，DCD と考えることが多いです。

　園や学校では運動をする場面が少なくないため，運動の苦手さをもつ子どもは悔しい思いをすることが多く，"どうせできない"といって，強い劣等感を抱くこともあります。こうした気持ちから友だちとの関係に問題が生じたり，上記のように学業成績の低下につながることもあります。これらは運動の苦手さから生じた二次的な問題であります。DCD の子どもたちが二次的な問題を抱かないように，支援や配慮をすることが望まれます。

（北　洋輔）

DCD への気づき・アセスメント

1 乳幼児健診における DCD へのスクリーニングの意義と視点

(1) 健診での DCD早期発見の意義

　近年の研究において，DCD の原因は，運動を予測し制御する機能（内部モデル障害説），新しい運動を学習する機能（ミラーニューロン説），およびそれらを速やかに遂行する機能（実行機能）などの複合的な障害と考えられています。DCD は 5〜11 歳の子どもの5〜6％に見られ，その症状は 50〜70% と高い割合で，青年期になっても残存します。乳幼児期の発達は個体差が大きく，診断が一貫しにくいことから，2019年のガイドライン上は5歳未満の診断には慎重であるべきと記載されています（Blank, et al., 2019）。5歳未満での診断は，他の発達障害に併存する場合や重度の場合は推奨されており，繰り返しの運動検査で，未達成な課題が確認されれば，DCD の診断は可能です。

　DCD は，自閉スペクトラム症（ASD）や注意欠如・多動症（ADHD）などとの併存が多いにもかかわらず，発達障害として診断されにくい障害の1つです（斉藤他，2019）。幼児期は日常生活の自立の場面に運動の不器用さが影響します。DCD の兆候は，始歩の遅れ，発語の遅れ，身辺自立の遅れなど早期

から他覚的に見られますし，5歳の時点で協調運動機能が低い子どもほど行動および情緒的問題における支援を必要としていること，彼らの行動および情緒的問題は集団の中では気づかれにくい可能性があることがわかっています（三上他, 2017）。保護者は子どもの粗大運動や微細運動に不得手さがあることに若干気がついていても，園では他者に迷惑をかけるような問題行動になることは少ないため問題視されにくく，本人の困りごとが他者に理解されにくい特徴があります。障害への無理解から，「支度が遅い」，「ワンテンポ遅れる」などの叱責や，できるようにするために過剰に反復練習をさせるなど不適切な対応につながるケースも見られます。障害への無理解は，合理的配慮を欠くだけでなく，苦手意識や劣等感を感じやすい彼らのメンタルヘルスを悪化させ，学童期以降，学習障害の併存や，不登校や引きこもりなどの二次的な心理・社会的問題に発展する可能性があります。このため，幼児期は，不得手な運動課題について発達を促す働きかけとともに，運動の不器用さに対して周囲が正しく理解し，適切に子どもに対応することが大切です。

　運動能力をスクリーニングなどや運動検査を用いて，適切に評価することで早期兆候のある幼児を早期発見し，身体の成長とともに，協調運動機能の発達を促進していきましょう。有用な早期介入法については，研究段階にありますが，小脳の発達が急加速する幼児期こそ介入効果が最も期待できる時期です。周囲の大人にできることは，体を使った遊びや運動の機会を増やし，一緒に運動を楽しむことです。そして，どうしても苦手な運動がある場合には，専門家の力を借りて，ある程度克服する「コツ」を習得させましょう。周囲の大人が子どもの特性を理解し，運動を楽しむことや課題を達成する喜びをともに感じることで，子どもたちが自己肯定感を育み，不得手なことへ対処するためのレジリエンスを高めていくことが期待できます。

　事例1の子は，中学生になって不登校の相談に来ました。病院で精密検査を行い，大きくなってから DCD の診断を受けたケースです。

事例1　14歳・男児・A君

相談内容： 体育があることを考えるとおなかが痛くなる。

　A君は小さいころから運動の模倣が苦手で，保育園でのお遊戯会でダンスを踊ることができませんでした。小学校では，走ることや球技は苦手でした。中学のクラスで球技のチーム分けがあり，2チームが一人ずつメンバーを選ぶことになりました。A君は順番を待っていましたが，最後までどちらのチームにも選ばれませんでした。そのときから，体育の時間に球技があると思うとおなかが痛くなり，学校を休むようになりました。保護者が学校で嫌なことがあるのか問うと，A君は小さな声で「体育の授業を受けたくない」と言いました。保護者はA君の小さい頃から運動の不器用さに気がついていましたが，A君が悩んでいることには気がついていませんでした。保護者は，「もう少し早く気がつけばよかったですね」と言いました。

解説

　A君は小学生の頃から運動が苦手なことを自覚し，劣等感をもっていました。中学の球技のチーム分けで自分が選ばれなかったことから，運動ができない自分はダメなんだと自信をなくし，体育の授業や学校に対してストレス反応を起こすようになりました。回復には休養と環境調整を必要としました。特性をもつ子どもたちは周囲との違いを自覚しています。周囲が傷つける意図はなくても傷ついてしまうことがあります。発達面だけでなく，メンタル面にも配慮が必要です。

⑵　DCD の早期兆候・健診での問診のポイント

1）発達歴

　一般の発達と比べて，運動発達の進み方に注目しましょう。

●胎生期・周産期

　在胎週数と出生体重を確認しましょう。早産児，低体重児，出産時異常など

は発達全般に影響を与える因子です。

●発達段階
①1歳6カ月まで

「首のすわり」や「ねがえり」，「ひとりすわり」，「はいはい」，「つかまり立ち」，「ひとり歩き」の時期とぎこちなさの有無を確認します。「首のすわり」は，生後4～5カ月まで，「ねがえり」は生後6～7カ月まで，「ひとりすわり」は生後9～10カ月まで，「はいはい」は生後9～10カ月まで，「つかまり立ち」は生後11～12カ月まで，「ひとり歩き」は生後1年3～4カ月までに90%以上の子どもができるようになります。

②1歳6カ月健診

1歳6カ月を過ぎても歩かないのは運動発達が明らかに遅れています（図3-1-1）。また，発語は1歳6～7カ月の時点で90%以上の子どもが単語を話す

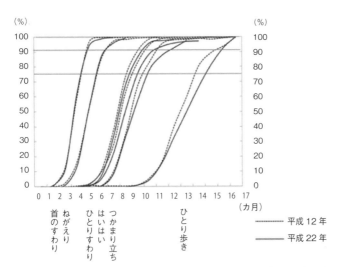

図3-1-1　一般調査による乳幼児の運動機能通過率，乳幼児身体発育調査：調査の結果（厚生労働省，2011）
　　＊平成22年調査結果は平成12年調査よりも運動発達がやや遅れていることが報告されている。

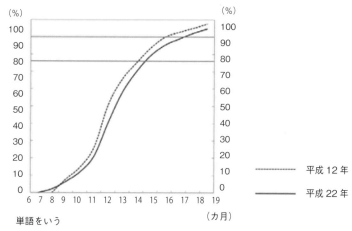

図3-1-2　一般調査による乳幼児の運動機能通過率，乳幼児身体発育調査：調査の結果（厚生労働省，2011）

＊平成22年調査結果は平成12年調査よりも運動発達がやや遅れていることが報告されている。

ことができています。2歳までに発語が極端に少なく，発音が不明瞭な場合は言葉の遅れや構音障害の可能性があります（図3-1-2）。1歳6カ月健診で運動発達の遅れが確認されたら，精密検査やリハビリテーションの必要性について専門家に相談しましょう。

③3歳児健診

　歩き方や走り方にぎこちなさがないか，階段を一人で上り下りできるか，三輪車やストライダーなどに乗ることができるかなどの粗大運動，食事の際に食べこぼしや飲み込みにくさがないか，積み木や食べ物をつまむ動作ができるか，スプーンやフォークを使えるかなどの微細運動，着替えや移動など日常生活の自立度，構音などについて保護者等に詳しく聞きましょう。子どもが年齢に比して運動が不器用で，食事や着替えなど日常のことに時間がかかることが顕著な場合は，症状が重度である可能性があります。精密検査やリハビリテーションの必要性について専門家に相談しましょう。

④5歳児健診

　小脳の動きが活発になり，速く走ったり，縄跳びや跳び箱を跳んだり，自転車に乗ったり，水泳やバレエなどのスポーツに参加したり，また，文字を書いたり，箸やハサミが上手に使えるようになるなど，さまざまな運動ができるようになります。観察のポイントは(3)で後述します。5歳以降はスクリーニングとしてDCDQ（Developmental Coordination Disorder Questionnaire）やCLASP（Check List of obscure disAbilitieS in Preschoolers）を用い，MABC-2（Movement Assessment Battery for Children-Second Edition）などの運動検査を実施することが望ましいです。日常の運動経験や，他の発達障害の影響も出やすいため，運動だけでなく，子どもの発達全体を評価するようにします。

● 家庭環境・運動経験

　普段の遊び相手，休日の過ごし方など，子どもを取り巻く環境にも着目しましょう。ダンスや鬼ごっこなど体を動かす遊びを好むかどうか，好きな遊びや苦手な遊び，家庭での運動習慣などについても聞いてみましょう。DCDの子は，苦手な運動を回避し，メディアに没頭して動きたがらないなどの行動特性があり，早期から肥満などの問題を呈することがあります。

● 社会性・行動特性

　みんなと遊ぶのは好きか，お遊戯会などに積極的に参加できるかなど，聞いてみましょう。一人遊びや，活動の回避がある場合は，ASDや社会的コミュニケーション症（CSCD）など社会性の発達の問題が併存している可能性があります。この場合，変化に脆弱であることや感覚過敏について配慮しながら，運動の評価を行う必要があります。また，体を動かすのは得意だけど，衝動が制御できなかったり，静かに座ったりするのが難しいことがある場合は，ADHDが併存している可能性があります。この場合，運動検査は刺激が少ないように環境を整え，注意を惹きやすくする工夫が必要です。衝動制御が困難な場合は，安全を確保できる場所で対応しましょう。併存障害の影響がある場合には，日常生活に与える影響が大きい特性を優先して対応しましょう。併存障害が大きく目立たない場合は，家庭や園でできる遊びや運動を楽しむ機会をもてるようにアドバイスしましょう。

2）生活への影響

日常生活の困難さを具体的に聞いていきましょう。

● 生活習慣の自立

食事や着替え，入浴などの日常生活は援助（声掛けや仕上げも含め）が必要か，ほぼ自立かを詳しく聞きましょう。協調運動の苦手な子どもは動作がゆっくりであり，一つ一つの日常生活に時間がかかるため，保護者は早期に気がつくことが多いです。

● 微細運動

箸，鉛筆，ハサミの使い方，折り紙やあやとりなどが年齢相応にできているか確認しましょう。幼児期に微細運動が苦手な子どもは就学後に書字の苦手さに発展する場合があります。

3）生育歴

保育園・幼稚園の在籍期間に着目しましょう。

園での運動経験は発達にとって重要です。入園して間もない場合は，環境に慣れていないこと，集団活動や運動経験が少ないことがあります。

4）個人の要因

過去および現在の介入支援・家族構成・社会的支援などに着目しましょう。

リハビリテーションや運動の療育，体操教室，水泳などの習い事を利用している子どももいます。家族や子どもに関わる方で運動を一緒に行う人がいるかによって，日常で子どもの運動の機会を増やすことができます。

5）家族歴

発達障害や遺伝疾患の有無に着目しましょう。

ご家族に発達障害や神経の病気がある場合は似ている行動がみられる場合があります。

6）既往歴

事故，病気，神経学的・心理学的問題の有無に着目しましょう。

　過去に大きな事故や病気，目や耳など神経の異常や，大きなストレスなど心の問題があるか確認しましょう。不安や恐怖などで運動を避ける場合や，感覚過敏が著しいときは発達やメンタルヘルスの専門家に相談したほうが良いでしょう。

７）保護者の理解度

　子どもの発達に関する保護者の理解度を確認しましょう。

　発達障害について，理解や受け入れ方はさまざまですが，どの保護者も将来には不安をもっています。運動の不器用さに対する理解や障害受容の有無にかかわらず，保護者に寄り添ってしっかりと子どもの成長経過を観察していく姿勢を示しましょう。

　保護者が子どもの運動の不器用さに対し，問題はないと判断するときは，まず，保護者の意見を聞いてみましょう。自分も同じ特性があったが今は問題がない，育児の仕方が悪いと言われている気がするなど，保護者の主観的な理由の場合など，知識が十分でないために理解が得られないことがあります。この場合，まずは自分たちが判断した根拠を伝え，障害についての正しい知識が得られるよう働きかけましょう。それでも保護者が納得しない場合は，無理に納得を促すのではなく，子どものために少し時間をかけて様子を見ていくことを伝え，次の相談日を設定するとよいでしょう。保護者の中には時間をかけて納得する方もいます。保護者と支援者は，子どもたちのためにできることをするという点で，同じ方向を向いています。この点を共有しながら話を進めましょう。

⑶　健診等での行動観察スクリーニング

　幼児の運動能力は，
①粗大運動（走る，跳ぶなど体を大きく動かす運動）
②微細運動（鉛筆や筆やハサミの使用など，手先を器用に動かす運動など）
③協応運動（目と手などの２つの器官や機能が連動する動作）
の３点で評価します。推奨される診断の時期は，５歳児健診です。健診では保

護者評価によるスクリーニング（CLASP, DCDQ など）の他，健診では発達歴や日常生活上の問題，園からの指摘の他，実際の運動検査（MABC-2）や知能検査等の発達検査，診察の様子で行動観察を行います。

　以下に5歳児健診で注目すべき項目（CLASP を用いた観察の視点）について紹介します（斉藤, 2020）。これらの項目がしばしばあるいは常にあり，かつ，中等度や重度の知的な遅れが目立たない場合は，発達性協調運動症の可能性があります。事例2・3・4は5歳児健診で保護者からよくある相談内容です。

①粗大運動

- 走る能力に注目しましょう。他の子と比べて，走り方がぎこちない，あるいは不自然であるかを問診や観察で確認しましょう。例えば，膝が伸びきっている，手足が連動せずにばらばらになる，かけ足が極端に遅い，まっすぐ走れない，両腕が同じように振れないなどが該当します。

- 運動を成し遂げる能力に注目しましょう。遊具やブロック遊びなど，身体を使う遊びで，うまく身体を動かしたり，スムーズに遊びを進めたりできるかを確認しましょう。例えば，ジャングルジムや縄跳び，鉄棒，平均台を使った遊び，三輪車，自転車，フラフープなどが同年代の子に比べて極端に上手にできないことが該当します。

事例2　5歳・女児・Bちゃん

相談内容：粗大運動が苦手で，園に行きたくないと言う。

　2歳頃から体を使った活動が苦手で，ダンスなどのお遊戯でうまく踊れないだけでなく，歩き方や走り方がぎこちなく見えます。疲れやすく，活動中にしゃがんでしまいます。家では寝そべってゴロゴロしていることが多いです。性格はおとなしく，日常生活動作は全般的におっとりしています。運動会やお遊戯会になると「今日は行きたくない」と言うことがあり，お母さんが心配しています。

解説

　ここで重要なのは，運動が苦手なことはもちろんですが，運動会やお遊戯会への参加を拒否していることです。先生や保護者は「がんばって参加

しましょうね」と促したいところではありますが，このBちゃんの発言の裏側には"自分は走ることや踊ることが苦手で人前で格好悪い思いをしたくない"という思いがあり，それを「行きたくない」という言葉で表現していると考えられます。Bちゃんが参加しやすい活動を提案して，一緒に楽しめる方法を考えてみましょう。

②微細運動

● 作業を速やかに終える能力に注目しましょう。絵などを描くときに，何を描くかは思いついているのに描く動作（手の動きなど）がスムーズでなく時間がかかるかを観察しましょう。例えば，字を書いたり，絵を描いたりするときに，作業に取りかかってから完成させるのに時間がかかることが該当します。ただし，描くものを考えていたり，わからなくて時間がかかったりする場合は除きます。

● 作業を正確に行える能力に注目しましょう。お絵描きや塗り絵のときに，何を描いたか大人に伝わるかどうかを観察しましょう。例えば，独創的なという意味ではなく，"ぐちゃぐちゃ"で伝わりづらい，人の顔を描いたときに目・鼻・口が判別できない，何を描いているかわからないなどが該当します。

事例3　5歳・男児・C君

相談内容：微細運動が苦手で，字や絵を描きたがらない。

　手先が不器用で，鉛筆も箸も握り持ちです。筆圧が調節できず，一生懸命描くのですが，何を描いているのか判読が難しく，また力の加減ができなくて紙が破れてしまうことがあります。自分の名前のひらがなは読めますが，書くことができません。本人も字や絵をかくことに苦手意識をもっており，お母さんが練習させようと思ってもやりたがりません。小学校に入る前に字が書けるようになるかお母さんは心配しています。

解説

　ここでは，鉛筆や箸に手指の力が入りにくいのには，手や身体の安定性が低いことが考えられます。指先の力が弱いと，鉛筆を安定させるために

握り持ちになったり，指の根元で力強く握りこんだりすることもあります。また，体幹の力が弱いと身体を支えるために机の上にもたれかかった姿勢になります。姿勢が安定しないと肩や手などに力を入れることは難しく，このような状態で文字を書くと筆圧が薄くなったり，疲れやすくなったりすることがあります。なかには，文字や形の認識が苦手でお手本通りに書けない場合もあります。状況をよく観察し，精密検査を行って運動の不器用さの原因となる要素を検討していくとよいでしょう。

③協応運動

●姿勢を保持する能力に着目しましょう。長い時間座るときに，疲れやすく，姿勢が崩れたり，椅子からずり落ちたりするかを観察しましょう。例えば，体幹が弱く，身体がぐにゃぐにゃとなる，いつも何かによりかかる癖がある，すぐ横になりたがるなどが該当します。

事例4　6歳・女児・Dちゃん

相談内容：協応運動（姿勢の保持）や球技が苦手。

　30週1,000gで生まれた低出生体重児です。小さい頃から運動の発達が遅く，寝返りができたのが生後6カ月，お座りが9カ月，ハイハイは1歳過ぎてからずりバイし，一人歩きができたのは2歳になってからでした。知能の問題はありませんが，年長になっても発音が不明瞭です。また，動きが多く落ち着きがなく見えます。立ち歩きはありませんが，座っていると椅子からずり落ちるくらい姿勢の崩れが目立ちます。園の活動でも同様で，さらにボールの投げ受けがうまくできず，ボールの動きを目で追えていないとのことでした。お母さんはDちゃんが小学校に行って，みんなと同じように活動ができるか心配しています。

解説

　早産，低出生体重で生まれた子どもは，DCDのハイリスク群です（辻井・宮原監修，2019）。原因のすべてが解明されているわけではありませんが，本来，生まれるまでの間，お母さんのおなかの中で手足を動かす等

の子宮内での感覚運動学習や経験の不足，合併症や，治療に伴う薬剤など
が運動の発達に影響を与えると言われています。体幹の筋緊張が弱いと，
身体が重力に負けてしまい，一定の姿勢を保持することが難しいことがあ
ります。特に運動発達の緩やかな子どもは運動経験も乏しく，身体の力が
弱くて，粗大運動や微細運動が苦手なことも多いです。また，視覚情報処
理は運動発達の基礎となる感覚です。ボールの投げ受けがぎこちないのは，
動くボールを目で追うことが苦手な場合もありますし，ボールの位置に自
分の身体の動きを合わせていくことの苦手さが関係しているかもしれませ
ん。

⑷　DCDの幼児への関わり

　発達の過程にある幼児は，体を使ってあらゆることを学んでいる最中です。
運動への自信が低下すると，さまざまなことへの好奇心や挑戦したいという気
持ちが低下してしまいます。「運動が上手，すごい」といった結果より，感覚や
認知など，さまざまなものを育む過程を楽しむことが，発達にとって重要です。
　どんなに運動が苦手でも，体を動かすことが嫌いな子どもはいません。比較
されることなく「ここでは下手でもいいんだ！」とわかることで，子どもたち
は安心して運動にチャレンジすることができます。園や家庭での具体的な関わ
り方としては，体を使った遊びを増やし，子どもの感覚や身体の成長を促して
いくことです。例えば，経験不足を解消するために，広い場所で思いっきり体
を動かす機会がもてるようにしましょう。体幹の筋肉を鍛えバランスを整える
ために，重い物を運ぶ，不安定なところを歩くなどもよいでしょう。身体を使
うと疲れてしまうため，脱力やリラックスを意識的に取り入れるようにしまし
ょう。微細運動や手先のトレーニングとして，洗濯ばさみや箸，クリップなど
で遊んでみるのもよいでしょう。
　運動がうまくできないときは，体の動かし方や手足の位置などを子どもに具
体的に伝えるようにアドバイスしましょう。感覚過敏があって活動に参加した
がらないときは，その子の好きな遊びや道具を通して，少しずつ苦手な感覚に

チャレンジできるようにし，感覚を和らげる材料を使うなど工夫があるとよい
ことを伝えましょう。

　健診で運動の不器用さについて相談の必要があるときは，まず，保護者の方
と家庭での遊びや行動，休日の過ごし方などについて情報交換を行い，前述の
例のように具体的に運動の機会を増やしていくことから話し合ってみましょう。
就学に向けて支援が必要な子どもは，療育の継続や特別支援教育の利用を検討
するとよいでしょう。地域によっては，幼児の支援者向けにガイドブックなど
を作成しているところもあります（弘前大学・青森県監修，2022）。本ガイド
ブックも，子どもの日常に関わる支援者はぜひご活用いただきたいです。

（斉藤 まなぶ）

文献

Blank, R., Barnett, A.L. Cairney, J. Green,D., Kirby, A.,Polatajko,H.,… & Vinçon,S.(2019).
　　International clinical practice recommendations on the definition, diagnosis, assessment,
　　intervention, and psychosocial aspects of developmental coordination disorder.　EACD
　　Recommendations. *Developmental Medicine & Child Neurology*, *61*(3), 242-285.
国立大学法人弘前大学・青森県（監修）(2022).　青森県子どもの発達支援ガイドブッ
　　ク 青森県発達障害者支援センター「ステップ」, 57-58.　Retrieved from https://www.
　　pref.aomori.lg.jp/soshiki/kenko/syofuku/files/aomorihattatsu_guide.pdf（2024年1月25日）
厚生労働省（2011).　乳幼児身体発育調査：調査の結果（平成22年）Retrieved from
　　https://www.mhlw.go.jp/toukei/list/dl/73-22-01.pdf（2024年1月25日）
三上 美咲・斉藤 まなぶ・髙橋 芳雄・足立 匡基・大里 絢子・増田 貴人…山田 順子
　　（2017).　幼児期における協調運動と行動及び情緒的問題の関連　保健科学研究,
　　8(1),　17-24.
斉藤 まなぶ・小枝 周平・大里 絢子・三上 美咲・坂本 由唯・三上 珠希・中村 和彦
　　（2019).　発達性協調運動障害（DCD）　そだちの科学, *32*, 47-54.
斉藤 まなぶ（2020).　運動の5項目　稲垣真澄（編）吃音？チック？読み書き障害？
　　不器用？の子どもたちへ　保育所・幼稚園・巡回相談で役立つ "気づきと手立て"
　　のヒント集（pp.64-75)　診断と治療社
辻井 正次・宮原 資英（監修）澤江 幸則・増田 貴人・七木田 敦（編著）(2019).　発
　　達性協調運動障害［DCD］──不器用さのある子どもの理解と支援──　金子
　　書房

② DCDのある子の園・学校などでの気づきとアセスメント

(1) 園や学校で気づく大切さ

　園（保育園，幼稚園，こども園）や学校などの現場で，先生方が子どもの運動の苦手さに気づくことは大切です。大切とされる理由は2つあります。

　1つ目は，先生方は子どもの困り感に気づく最前線であり，かつ最後の砦でもあるからです。運動の苦手さは，学習などと比べて，保護者や家庭ではあまり問題にされることはありません。また，運動の苦手さに気づいていないこともあり，子どもの困り感は見逃されることが多いです。園や学校では，同じ年齢の子どもと集団で生活するため，子どもの運動について比べて気づく機会が多くなります。そのため，家庭では見逃されていた困り感に，園や学校の先生だからこそ気づけることが多くあります。

　2つ目は，運動の苦手さが，運動以外の問題に発展しないためです。運動の苦手さは，適切に対応しないと，5～6歳の頃から，運動以外の問題につながることがわかっています（北他，2017）。例えば，身体を使った遊びが苦手であるために，友だちと遊ぶことを避けるようになった子がいます。また鉛筆などの文房具が上手に使えずに，勉強が嫌いになった子がいます。園や学校の先生方が，子どもの運動の苦手さに気づくことで，こうした運動以外の問題に発展しないように対応することができます。

　ここでは，まずDCDに気づくポイントを，園と学校に分けてそれぞれ紹介します。

(2) 園でDCDに気づくポイント

　園では，5～6歳の頃（年長・5歳児クラス）からDCDに気づくことができます。この年齢よりも小さいと，月齢の影響もあって，判断が難しくなります。5～6歳で，DCDに気づくポイントは5つあります。表3-2-1は，3,000名近くの子どもの様子に基づいて作られたCLASPという観察シートの一部です。

この5つのポイントは，運動に不器用のある子どもたちに共通するもので，1つでも子どもの様子が「常に」「しばしば」あてはまると，DCDである可能性が高いとされます。

表3-2-1　CLASP の運動に関する項目（厚生労働省，2019）

	質問項目	全くない	ごくまれにある	ときどきある	しばしばある	常にある
1	他の子どもと比べて，走り方がぎこちない，あるいは不自然である（例：膝が伸びきっていたり，手足が連動せずにばらばらになるなど）					
2	遊具やブロック遊びなど，身体を使う遊びで，うまく身体を動かしたり，スムーズに遊びを進めたりできない（例：ジャングルジムや縄跳び，鉄棒，平均台を使った遊びなど）					
3	絵などを描くときに，何を描くかは思いついているのに，描く動作（手の動きなど）がスムーズでなく，時間がかかる（描くものを考えていたり，分からなくて時間がかかる場合は除く）					
4	お絵描きや塗り絵の時に，何を描いたか大人に伝わらない（独創的なという意味ではなく，"ぐちゃぐちゃ"で伝わりづらい）					
5	長い時間座る時に，疲れやすく，姿勢が崩れたり，椅子からずり落ちたりする（体幹が弱く，身体がぐにゃぐにゃとなるなど。但し，集中が続かず，離席する場合などは除く）。					

説明：この5項目のうち1つでも「しばしばある」または「常にある」の回答があり，かつ知的な遅れがない場合，85%はDCDの診断に該当する可能性があります。

【身体全体を使った運動やバランス】

①他の子と比べて，走り方がぎこちない，あるいは不自然である

　　例えば，膝が伸びきっている，手と足がばらばらに動いている，両方の腕
　が同じように振れない様子があてはまります。

②遊具やブロック遊びなど，身体を使う遊びで，うまく身体を動かしたり，ス
　ムーズに遊びを進めたりできない

　　例えば，ジャングルジムや縄跳び，三輪車などが同じ年齢の子どもと比べ
　て極端にスムーズにできなかったり，遊び方がわからない様子があてはまり
　ます。

③長い時間座るときに，疲れやすく，姿勢が崩れたり，椅子からずり落ちたり
　する

　　例えば，座るときに身体がぐにゃぐにゃとすることや，毎回座るたびに姿
　勢が変わること，同じ姿勢を長い時間，保てないことなどがあてはまります。

【手や指を使う運動】

①絵などを描くときに，何を描くかは思いついているのに，描く動作（手の動
　きなど）がスムーズでなく時間がかかる

　　例えば，絵を描くときに，描き始めてから完成するまでに著しく時間がか
　かることです。注意としては，何を描くかわからなかったり，考えていて時
　間がかかる場合は，これにはあてはまりません。

②お絵描きや塗り絵の時に，何を描いたか大人に伝わらない

　　例えば，描いたものが"ぐちゃぐちゃ"で内容が伝わらない，顔を描いた
　時に目・鼻・口がわからないことです。注意としては，独創的な絵の場合は，
　これにはあてはまりません。

(3)　園でこんな子がいました

　　5歳9カ月の男の子（年長クラス）。保育園の朝のお集まりや昼食のときの
姿勢が悪く，いつも「ちゃんと」座るように注意されています。本人はあまり
ふざけている様子はありません。座り始めて1分ぐらい経つと，身体がぐにゃ

ぐにゃになりだします。頬杖をついたり，椅子の背もたれと机の間で，腕をつっかえ棒のように使って身体を支えることもあります。疲れてくると立ち歩いたり，床に寝転んでしまうこともあります。

★この子についてさらに調べてみよう
● 本人の気持ちや態度：本人が遊んだり，ふざけたりしないで一生懸命に座ろうとしても姿勢が乱れるか，確認してみましょう。
● 椅子や机の種類：どのような椅子や机に座っても姿勢が乱れるか調べてみましょう。DCD の子どもは，椅子や机の種類にかかわらず，姿勢を保つことに苦労することが多いです。
● 家庭での様子：家庭で座るときに同じような様子があるか確認してみましょう。DCD の子どもは，園でも家庭でも同じ苦手さが一貫してみられやすいです。
● 他の姿勢：椅子を使わないで床に座る姿勢（お山座り）や，立って動かない姿勢（気をつけの姿勢）のときに，同じように姿勢の崩れやすさがあるか見てみましょう。DCD の子どもは，"止まった"姿勢全般において，同じ苦手さがみられやすいです。

(4) 学校で気づくポイント

　小学校では，学習や生活の内容が広がるために，DCD のない子どもであっても，苦手とする運動があります。そのため，ここでは DCD の子どもに共通して見られやすい様子をあげます。大切なことは，これらのポイントが，時々や特定の時期のみではなく，「常に」「しばしば」見られることです。

【身体全体を使った運動やバランス】
①授業中に座るときと朝礼などで立つときに，ともに姿勢が崩れやすい
　　例えば，座るときに身体がぐにゃぐにゃとしたり，腕や頭が机に寄りかかることです。また，立つときは，常に揺れていたり，座り込む，誰かに寄りかかることがあてはまります。

②ダンスや体操のときに，身体の動きが音楽・掛け声とずれている，ダンスや体操の「動き」を覚えることに時間がかかる

　　例えば，掛け声から常に 1 テンポ以上遅れて身体を動かすことです。また，他の覚える学習（例：漢字や知識学習）と比べて，身体の動きを覚えることに時間がかかることです。

③道具を使う体育「全般」で困り感が大きい

　　例えば，縄跳びや鉄棒，跳び箱，平均台など，すべてにおいて身体の動かし方がわからないことです。どれか 1 つの道具のみに苦手さがある場合は，これにはあてはまりません。

【手や指を使う運動】

①文字がマス目や行からはみ出ることが多く，文字の崩れが著しい

　　例えば，書くべき文字がわかっていても，マス目や行に収まらないことです。また，文字の形が崩れており，他の人が文字を読むことが難しいことです。

②プリントや折り紙が綺麗に折れない

　　例えば，授業で使うプリントや手紙を折るときに，端と端が揃わないことや，毎回折り方が変わることです。簡単な折り紙の作品ができないこともあてはまります。

③道具を使う教科および生活「全般」で困り感が大きい

　　例えば，算数の定規やコンパス，音楽のリコーダーや家庭科の調理器具を使った学習があてはまります。また掃除の際に，雑巾を絞れないこともあります。どれか 1 つの道具のみに苦手さがある場合は，これにはあてはまりません。

(5)　学校でこんな子がいました

　8 歳 2 カ月の男の子（小学 2 年生）。小学 1 年生の頃から，"字がきたなく"，先生からしばしば直されていました。筆圧も非常に弱く，字が薄すぎて見えないこともありました。小学 2 年生の春頃から，板書の内容をノートに書き写すことをやめるようになりました。書き写す時間になると，立ち歩いたり，他の

子どもに話しかけてトラブルになることもありました。ただし，算数の計算や九九を覚えることは早く，道徳での話し合いでは鋭い発言をするなど，知的な遅れを感じることはありませんでした。

★この子についてさらに調べてみよう

● 本人の気持ちや態度：DCD の子どもは，文字を一生懸命に書こうとしても，文字が乱れたり，何度も書き直すことが多いです。

● 書くこと以外の手や指を使う運動：定規で線を引く場面のある算数や，鍵盤ハーモニカを使う場面のある音楽など，書くこと以外の手や指を使う運動にも苦手さがあるか調べてみましょう。DCD の子どもは，書くことと同時に手や指を使う他の運動も苦手とすることが多いです。

● 家庭での様子：宿題はやるものの，「書く」宿題（漢字練習など）だけは嫌がらないか保護者に聞いてみましょう。また，紐を結んだり，スマホやタブレットを使うときに誤動作（違ったボタンを押す，入力を誤る）がないかも聞いてみましょう。DCD の子どもは，学校でも家庭でも同じ苦手さが一貫して見られやすいです。

● こころの面：書くことを嫌がるだけでなく，勉強全般にわたって嫌な気持ちが出ていないか気にしてみましょう。DCD の子どもで，「どうせやっても」，「僕なんか」といった諦めや投げやりな発言が出ている場合には，本人の困り感が強く，早めに対応をしたほうがよいサインです。

（北　洋輔）

文献

原 由紀・金生 由紀子・原 惠子・北 洋輔・斉藤 まなぶ（2019）．平成30年度障害者総合福祉推進事業．発達障害（読み書き障害，チック，吃音，不器用）の特性に気づくチェックリスト活用マニュアル　厚生労働省

北 洋輔・鈴木 浩大・平田 正吾・奥村 安寿子・崎原 ことえ・安永 正則…稲垣 真澄（2017）．子どもの運動の不器用さがメンタルヘルスに与える影響の解明——メンタルヘルスの悪化予防に向けて——　若手研修者のための健康科学研究助成成果報告書，*32*，23-28.

⬛3　DCD の簡便な評価方法

(1)　健診などでのスクリーニングを充実する必要性

　私たちが実施した厚生労働省令和 4 年度障害者総合福祉推進事業指定課題「協調運動の障害の早期の発見と適切な支援の普及のための調査」（岩永他，2023）において保健センターを対象とした調査で，「貴自治体の乳幼児健診に直接関与する保健師様は協調運動の問題の評価が ADHD や自閉スペクトラム症のスクリーニングに役立つことをご存じですか？」の質問に対して 45 ％が「全員知っている」または「ほとんど知っている」との回答がありましたが，33% は「ほとんど知らない」または「全員知らない」と回答していました。この結果から，現段階では，健診において DCD が十分スクリーニングされていない可能性があります。今後，DCD のスクリーニングの充実を考える必要があるでしょう。

　保育現場や教育現場でも注目されている注意欠如・多動症（ADHD）児の 55.2% に DCD が（Watemberg, Waiserberg, Zuk & Lerman-Sagie, 2007），自閉スペクトラム症（ASD）児の 50〜88％にも協調運動の問題が見られることがわかっています（Kangarani-Farahani, Malik & Zwicker, 2023；Green et al., 2009）。そのため，DCD をとらえることで ADHD児や ASD児のスクリーニング精度が高まる可能性があります。このように他の発達障害をスクリーニングするためにも DCD をとらえることは重要と言えるでしょう。

　これまで，DCD がスクリーニングされることが少なかったことの理由には，DCD のスクリーニングに有効とされる 5 歳児健診が実施されていない地域があることに加え，使えるスクリーニングツールの不足もあると考えられます。そこで，本節では健診現場などで使える可能性があるスクリーニングツールを紹介します。

⑵ CLASP

　第3章**1**　**2**でも紹介されていますが，DCDをスクリーニングする際に役立つツールとして「Check List of obscure disAbilitieS in Preschoolers (CLASP)」（稲垣他, 2019）があります。CLASPは吃音，チック症，不器用，読み書き障害など顕在化しにくい発達障害がある幼児をスクリーニングするために作られました。この中には5項目の発達性協調運動症をスクリーニングするための項目が含まれています。これを5〜6歳の子どものスクリーニングに使いましょう。

⑶ 協調運動の問題を把握する質問紙

　次に，3歳から12歳までの子どもの協調運動の問題を把握するための質問紙を紹介します。まだ，開発途中であるため，信頼性，妥当性の検証がなされていない点はご了承ください。
　幼児用は，3〜6歳281名の保育園に通う幼児の保護者，学齢児用は，6〜12歳の481名の学齢児の保護者の回答に基づいて，標準値が作られています。

1）使い方

　子どもの普段の様子をよく知っている保護者に回答してもらいます。子どもが3〜6歳の幼児の場合は，36ページの質問紙を，子どもが6〜12歳の学齢児の場合は38ページの質問紙を活用ください。
　保護者に各項目の当てはまるところにチェック（✔）をつけてもらいます。

〈回答の基準〉

「よくできる」　　　　：同年齢の子どもの平均よりも高いスキルがある
「できる」　　　　　　：同年齢の子どもの平均的なスキルがある
「少し苦手である」　　：同年齢の子どもの平均に近いスキルであるがやや苦手さが見られる
「苦手である」　　　　：同年齢の子どもの平均と比べ明らかに苦手さが見られる
「非常に苦手である」：同年齢の子どもの平均と比べ極端な苦手さが見られる

2）採点方法

　「よくできる」を0点,「できる」を1点,「少し苦手である」を2点,「苦手である」を3点,「非常に苦手である」を4点として, スコアリングし,「A. 姿勢運動・バランス」,「B. 全身運動」,「C. 手先の運動」,「D. 球技のスキル」,「E. 口の運動」のそれぞれで合計点を出します。

　次に子どもの年齢に対応する採点表を見ます。それぞれの下位領域の合計点から採点表に基づいて, パーセンタイル値を出します。パーセンタイル値は, その領域の苦手さが最も強い方から数えて何%かを示します。例えば, 2th%の場合, 苦手さが強い方から2%の値ということになりますので, その領域の問題が大きいことがわかります。

　表では, 対応する数値がない部分があります。例えば, 子どものスコアは2点であったもののスコア表のその領域には, 1点と3点の表示しかない場合は, 低い点数の方, すなわち1点として, パーセンタイル値を算出します。

表3-3-1　質問紙　3〜6歳児用

領域	項目番号	当てはまるところにチェック(✔)をつけて下さい。 回答の基準 よくできる：同年齢の子どもの平均よりも高いスキルがある できる：同年齢の子どもの平均的なスキルがある 少し苦手である：同年齢の子どもの平均に近いスキルであるがやや苦手さが見られる 苦手である：同年齢の子どもの平均と比べ明らかに苦手さが見られる 非常に苦手である：同年齢の子どもの平均と比べ極端な苦手さが見られる	0 よくできる	1 できる	2 少し苦手である	3 苦手である	4 非常に苦手である
A 姿勢運動バランス	1	バランスを保つ					
	2	平均台などの細いところを落ちずに歩く					
	3	その場からずれずにケンケンをする					
	4	座っている時にまっすぐの姿勢を保つ					
	5	立っている時はシャキンとまっすぐの姿勢を保っている					
		小計					
B 全身運動	6	同年齢児と同じくらいのスピードで走る					
	7	両脚ジャンプで前に跳ぶ					
	8	体操や踊りを同じ年齢の子どもと同じくらいの期間で習得する					
	9	ジャングルジムの昇り降り					
	10	タイミングを合わせたり，リズムに乗った動きができる					
	11	ものにぶつかったり，躓いたりせずに歩ける					
	12	疲れずに長時間活動できる					
	13	他の子どもに合わせた動き（二人三脚，一緒に机を運ぶ，一緒にダンスなど）					
		小計					
C 手先の運動	14	スプーンや箸をうまく使う					
	15	食べこぼしせずに食べる（多い場合，苦手）					
	16	絵を描くとき線をうまく引く					
	17	筆圧の調整（強すぎたり弱すぎたりしない）					
	18	はみ出さずに塗り絵をする					
	19	ボタンやファスナーのはめはずしをする					
	20	ハサミをうまく使う					
	21	丁寧に壊さないように物を扱う					
		小計					
D 球技のスキル	22	小さなボール（テニスボールくらいの大きさ）を，数メートル先の人に上から相手が受け取れるように投げる					
	23	1メートル離れたところから，投げられた小さなボールを受け止める					
	24	弾む小さなボール（テニスボールなど）をキャッチする					
		小計					
E 口の運動	25	正しい発音でしゃべる（サ行，ラ行などの発音が歪まない）					
	26	よだれをたらさない					
	27	口からこぼさないで食べる					
		小計					

表3-3-2　採点表 3〜4歳児用

	A姿勢バランス	B全身運動	C手先の運動	D球技スキル	E口の運動
1th%	18	21	31		8
2th%	16	20	30	12	7
3th%	14	19	28	11	6
4th%	13	18	24		
5th%	12	17	22	10	
6th%		14	20		5
7th%	11	13	18		
8th%			17		
9th%	10	12			
10th%			16		4
11th%	9			9	
12th%			15		
13th%		11		8	
14th%					
15th%	8	10	14	7	
25th%	7	8	12	6	3
50th%	5	7	8	4	2
75th%	3	3	4	3	1
100th%	0	0	0	0	0

表3-3-3　採点表 5〜6歳児用

	A姿勢バランス	B全身運動	C手先の運動	D球技スキル	E口の運動
1th%	15	20	22	11	7
2th%	14	17	18	10	6
3th%	13	14	16	9	5
4th%	12	13	15		
5th%				8	4
6th%	11	12	14		
7th%	10			7	
8th%			13		
9th%	9	11			
10th%		10			
11th%	8		12	6	
12th%					
13th%		9			
14th%			11		
15th%	7				3
25th%	6	8	9	5	
50th%	5	5	7	3	1
75th%	2	1	2	2	
100th%	0	0	0	0	0

表3-3-4　質問紙　6〜10歳児用　⏺ダウンロード

領域	項目番号	当てはまるところにチェック(✔)をつけて下さい。 回答の基準 よくできる：同年齢の子どもの平均よりも高いスキルがある できる：同年齢の子どもの平均的なスキルがある 少し苦手である：同年齢の子どもの平均に近いスキルであるがやや苦手さが見られる 苦手である：同年齢の子どもの平均と比べ明らかに苦手さが見られる 非常に苦手である：同年齢の子どもの平均と比べ極端な苦手さが見られる	0 よくできる	1 できる	2 少し苦手である	3 苦手である	4 非常に苦手である
A 姿勢運動バランス	1	バランスを保つ					
	2	平均台などの細いところを落ちずに歩く					
	3	その場からずれずにケンケンをする					
	4	座っている時にまっすぐの姿勢を保つ					
	5	立っている時はシャキンとまっすぐの姿勢を保っている					
		小計					
B 全身の運動	6	同年齢児と同じくらいのスピードで走る					
	7	両脚ジャンプで前に跳ぶ					
	8	体操や踊りを同じ年齢の子どもと同じくらいの期間で習得する					
	9	跳び箱などの器械運動，マット運動					
	10	ジャングルジムの昇り降り					
	11	立ってブランコを漕ぐ					
	12	タイミングを合わせたり，リズムに乗った動きができる					
	13	ものにぶつかったり，躓いたりせずに歩ける					
	14	疲れずに長時間活動できる					
	15	他の子どもに合わせた動き（二人三脚，一緒に机を運ぶ，一緒にダンスなど）					
	16	縄跳び（学齢児のみ）					
		小計					
C 手先の運動	17	スプーンや箸をうまく使う					
	18	食べこぼしせずに食べる（多い場合，苦手）					
	19	絵を描くとき線をうまく引く					
	20	文字または絵の書き写し（学齢児のみ）					
	21	形が整った文字を書く（学齢児のみ）					
	22	筆圧の調整（強すぎたり弱すぎたりしない）					
	23	はみ出さずに塗り絵をする					
	24	ボタンやファスナーのはめはずしをする					
	25	ハサミをうまく使う					
	26	丁寧に壊さないように物を扱う					
	27	靴ひもを蝶結びする（学齢児のみ）					
		小計					
D 球技スキル	28	小さなボール（テニスボールくらいの大きさ）を，数メートル先の人に上から相手が受け取れるように投げる					
	29	1メートル離れたところから，投げられた小さなボールを受け止める					
	30	弾む小さなボール（テニスボールなど）をキャッチする					
	31	集団での球技（学齢児のみ）					
		小計					
E 口の運動	32	正しい発音でしゃべる（サ行，ラ行などの発音が歪まない）					
	33	よだれをたらさない					
	34	口からこぼさないで食べる					
		小計					

表3-3-5　採点表 6～8歳用

	A姿勢バランス	B全身運動	C手先の運動	D球技スキル	E口の運動
1th%	18	33	33	24	7
2th%	15	29	27	14	6
3th%	13	26	27	13	
4th%		25	25	12	5
5th%		24	24	11	4
6th%	12	21	23		
7th%		20	22	10	
8th%	11		20		
9th%		19	19	9	
10th%		18	18	9	3
11th%	10	17		8	
12th%			17		
13th%	9	16			
14th%					
15th%	8	15	16		
25th%	6	13	13	6	
50th%	4	9	7	4	0
75th%	0	1	3	0	
100th%		0	0		

表3-3-6　採点表 9～10歳用

	A姿勢バランス	B全身運動	C手先の運動	D球技スキル	E口の運動
1th%	18	32	36	16	6
2th%	15	29	30	13	5
3th%		26	28	12	
4th%	14	25	26		4
5th%	13	24	24	11	
6th%	11	23	23		
7th%	10	22	22	10	
8th%		21	20		
9th%			19		3
10th%	9	20	18	9	
11th%				8	
12th%	8	19	17		
13th%		18	16		
14th%			15	7	
15th%	7	17			
25th%	6	12	13	5	2
50th%	4	8	7	4	0
75th%	0	1	1	0	
100th%	0	0	0		

表3-3-7　採点表 11〜12歳用

	A姿勢バランス	B全身運動	C手先の運動	D球技スキル	E口の運動
1th%	19	37	24	16	4
2th%	14	32	19	13	3
3th%	13	23	17	11	
4th%	12	21	16	10	
5th%		20	15		
6th%	10	18	14	9	
7th%					
8th%	9	17	13	8	
9th%					
10th%		16	12	7	
11th%					
12th%		15		6	
13th%	8				
14th%		14	11		
15th%				5	
25th%	6	12		4	
50th%	4	8	4	3	0
75th%	0	1	0	0	
100th%		0			

⑷　直接的検査

　5歳児健診などで，DCD のスクリーニングをする場合などに直接的な検査が必要になるかもしれません。その場合に使える可能性がある協調運動の直接的検査を紹介します。これは，5歳0カ月〜5歳11カ月の子どものスクリーニングに使うことができます。ここで紹介する直接的検査項目は，私たちが実施した厚生労働省令和4年度障害者総合福祉推進事業指定課題「協調運動の障害の早期の発見と適切な支援の普及のための調査」（岩永他，2023）において作成したものです。現段階では，妥当性，信頼性の検証がされていないことをご了承ください。また，5歳児以外への有用性は検証しておりません。それぞれの項目の10パーセンタイルのカットオフ値を示していますが，これは5歳0カ月〜5歳11カ月の一般児の子どものスコアを基に算出したものです。単一の検査項目で10パーセンタイル以下であることだけで，DCD と判断するのではなく，他の評価情報と照らし合わせて DCD の有無について検討することが必要です。

1）5歳児用直接的検査項目の実施法と採点法
①片足立ち
（10パーセンタイル値：8）
（左右合計8秒以下の場合，下位10パーセントに入る）

実施法：子どもの前で，検者が片足立ちをしてみせながら，「このように1つの足で上手に立ってみせてください」と指示します。そして，練習後，「今度は，どのくらい長く立っていられるか，先生が数えます。できるだけ長く，上手に立っていてください」と言い，数を数えながら時間を測定します。子どもの上げた足が立っている足につかないように注意してください。子どもの手は自由にし，左右とも測定します。

採点法：子どもが上げている足を下ろしたり，軸足が少しでもずれたり，上げている足を支持足につけたりした時点でストップウォッチを止めます。最大20秒保持できればそこで中止します。失敗した場合など，片足3回まで繰り返し可能とします。左右の合計タイムをスコアとします。

②構音

（10パーセンタイル値：2）

（2点以上の場合，下位10パーセントに入る）

実施法：構音検査用の絵を見せながら，検査用紙の単語を検者が読んで，それを反復させます。

・発音する単語

えんぴつ，ひよこ，ロボット，ぞうさん，しゃぼんだま，ふうせん，ごはん，でんわ，めがね，チューリップ

採点法：音の誤りに○，省略に／，歪みに△をつける。○，／を1点，△を0.5点として採点します（四捨五入する）。

③指のタッピング

（10パーセンタイル値：6）

（左右合計6点以下の場合，下位10パーセントに入る）

実施法：親指と他の指の指先のタッピングをします。人差し指→中指→薬指→小指の順で，左右それぞれの指で練習1回と本番1回を実施します。指の遠い関節（第一関節，DIP関節）の先の指の腹同士がタッチすれば1点となります。

　まず，検者が子どもの前でやって見せて，模倣させます。検者は約3秒で人差し指から小指までタッピングすることをしっかり見せるようにします。そして，それを模倣させます（練習）。

図3-3-1　指のタッピング

採点法：合計得点は，右4点，左4点が満点となります。左右それぞれで4秒以内にできた数を点数とします。例えば，4秒以内に右手の人差し指から中指までをタッピングし，小指は4秒よりも後にタッピングした場合，右手の点数は3点となります。練習で順番を間違ったら，正しいやり方を教え，もう一度練習します。本番で順番を間違えた場合，減点となります。例えば，

親指が中指→人差し指→薬指→小指と触れた場合は，4点満点のうちの3点となります。

④線引き（利き手のみ実施）
（10パーセンタイル値：11）
（11点以上の場合，下位10パーセントに入る）

実施法：「線引きシート」を子どもの前に出し（子ども側の机の端から1〜2cmのところに紙の下端がくるように），子どもに「今からこの道からはみ出さないようにとがった鉛筆を使っておうちまで行きます」と言って，一番上の課題を指さして示し，

図3-3-2　線引きシート　🔽ダウンロード

その道からはみ出さないように線を引いて見せます。そして，「次に○○君／○○ちゃんも道からはみ出さないようにこの車（犬・かぶと虫・花）まで行ってください」と言って，4つの線を引いてもらいます。鉛筆は子どもの正中付近に差出し，（右手であっても左手であっても）子どもが取った手で描いてもらいます。

採点法：線は1cmごとに実線と点線が交互に配置されています。実線，もし

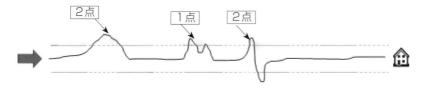

図3-3-3　「線引きシート」の採点法

くは点線からはみ出した数を記録します。2つの線（例えば，点線と実線に
はみ出しがまたがっている場合は「2点」，1つの線の中で2回はみ出して
いる場合は「1点」，同じところで上の線と下の線からはみ出している場合
は「2点」）となります。図3-3-3の例では5点となります。

⑤点つなぎ（利き手のみ実施）

（10パーセンタイル値：8）

（8点以下の場合，下位10パーセントに入る）

実施法：子どもから見て上段の20個の点が検者用，下段の20個が子ども用で
　　　　す。まず，検者が点から点に縦に線をまっすぐに引いて見せます。3本ほど
　　　　デモンストレーションします。次に子どもから見て左端の点を指さし，「こ
　　　　の点からこの点までまっすぐに線を引いてください」と子どもに言って，縦
　　　　線を引いてもらいます。

採点法：点から点にまっすぐに引けた線を2点とします。点から線の端がはみ
　　　　出したり，点の幅よりも線がはみ出したら減点します。線の両端が点の中に
　　　　あり，縦線が点の幅の中に収まっていたら，2点となります。線の端が点か

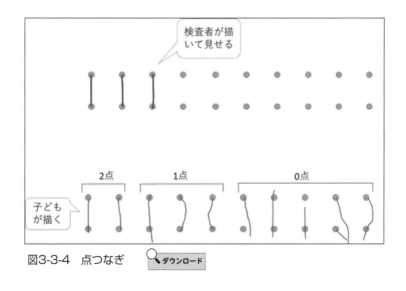

図3-3-4　点つなぎ　ダウンロード

らはみ出していたら1点減，点の幅よりも線がはみ出していたら1点減となります。

　縦線を10本引いてもらうため，20点満点となります。

2）直接的検査項目の協調運動平均群と協調運動困難群のスコアの差

　直接的検査項目を5歳児に実施し，協調運動平均群と協調運動困難群でスコアの差を分析しました。

　この分析において，まず5歳児に本書で紹介している直接的検査JMAPを施行しました。JMAPの下位尺度の中で基礎的感覚運動機能の評価領域である「基礎能力指標」と協調運動機能の評価領域である「協応性指標」のいずれかが16パーセンタイル以下の場合は，協調運動困難群とし，16パーセンタイルよりも高い場合は，協調運動平均群としました。

　協調運動平均群と協調運動困難群の間で，直接的検査のスコアに差が見られるのかを統計解析しました。

　その結果は表3-3-8 の通りです。「片足立ち左右合計」，「構音」，「線引き（利き手のみ）」，「点つなぎ（利き手のみ）」において，有意差が認められ，効果量は0.5以上であり「大」となりました。これらの項目のスコアは，協調運動に困難を抱える子どもの運動の問題をとらえるために有用と考えられます。

表3-3-8　協調運動平均群と協調運動困難群の直接検査項目のスコアの比較

検査項目	協調運動平均群 (N)	協調運動困難群 (N)	P	効果量 (r)
1.片足立ち左右合計	40	19	<0.001	0.51
2.構音	40	18	<0.001	0.59
3.指のタッピング左右合計	40	19	0.117	0.20
4.線引き（利き手のみ）	40	19	<0.001	0.52
5.点つなぎ（利き手のみ）	15	11	0.005	0.53

表3-3-9　直接的検査項目（5歳児用）　🔍ダウンロード

項目	メモ	スコア
1．片足立ち	片足で立って持続できる時間を測定。軸足が少しでもずれたらそこまで。右：＿秒　左：＿秒	左右計　秒
2．構音	採点法:音の誤りに○，省略に／，歪みに△をつける。○，／を1点，△を0.5点として採点する（四捨五入する）。えんぴつ，ひよこ，ロボット，ぞうさん，しゃぼんだま，ふうせん，ごはん，でんわ，めがね，チューリップ	歪み等　　　　　点
3．指のタッピング	右4点，左4点，合計8点が満点となる。左右それぞれで4秒以内にできた数を点数とする。右：＿回　左：＿回	左右計　　　　　点
4．線引き（利き手のみ）	実線，もしくは点線からはみ出した数を記録する。子どもが描いた4本分のスコアの合計を出す。	誤数等計　　　　　点
5．点つなぎ（利き手のみ）	線の両端が点の中にあり，縦線が点の幅の中に収まっていたら，2点。線の端が点からはみ出していたら1点減，点の幅よりも線がはみ出していたら1点減となる。10本で20点満点である。	点

　「指のタッピング」は両群間で有意差が認められませんでした。実際には，協調運動の問題がある子どもは動きがぎこちないなど，質的な異常が認められることが多くありました。しかしながら，それらを今回実施した際に設けた判定基準ではとらえることができませんでした。そのため，「指のタッピング」ではスコアで協調運動の問題の有無を評定することは難しいと考えられますが，これを実施してもらい子どもの指の動きを検者が観察して質的な問題を把握する際に使うことができると推察されます。

　JMAPのスコアの分析結果を記載しましたが，本分析における対象者が少ない点はご了承ください。

（岩永　竜一郎）

文献

Green, D., Charman, T., Pickles, A., Chandler, S., Loucas, T., Simonoff, E., & Baird, G. (2009). Impairment in movement skills of children with autistic spectrum disorders. *Developmental medicine and child neurology*, *51*(4), 311-316.

稲垣真澄・原由紀・金生由紀子・原恵子・北洋輔・斉藤まなぶ（2019）．吃音，チック症，読み書き障害，不器用の特性に気付く「チェックリスト」活用マニュアル　厚生労働省平成30年度発達障害者総合福祉推進事業報告書. Retrieved from https://www.mhlw.go.jp/content/12200000/000521776.pdf（2024年 1 月25日）

岩永竜一郎他（2023）．厚生労働省令和 4 年度障害者総合福祉推進事業指定課題「協調運動の障害の早期の発見と適切な支援の普及のための調査」報告書　令和 5 年 3 月　長崎大学生命医科学域　Retrieved from https://www.mhlw.go.jp/content/12200000/001113437.pdf（2024年 1 月25日）

Kangarani-Farahani, M., Malik, M. A., & Zwicker, J. G. (2023). Motor Impairments in Children with Autism Spectrum Disorder: A Systematic Review and Meta-analysis, *Journal of Autism Developmental Disorders*, *22*.（http://doi10.1007/s10803-023-05948-1）

Watemberg, N., Waiserberg, N., Zuk, L., & Lerman-Sagie, T. (2007). Developmental coordination disorder in children with attention-deficit-hyperactivity disorder and physical therapy intervention. *Developmental medicine and child neurology.* *49*(12), 920-925.

4 DCD の「気づき」から「対応」へ

2 3 のスクリーニングによって子どもの協調運動の問題に気づいた場合，支援を検討する必要があります。支援は家庭で行うもの，園や学校で行うもの，支援機関で行うものなど，多様だと思います。具体的な対応方法については，第4章をご覧ください。

乳幼児健診，保育園，学校などで子どもに DCD があることがわかったり，疑われたりした場合，保健師・保育士・教師は専門機関に相談するように促すことがあるかもしれません。しかしながら，近隣に DCD のある子どもを支援する専門機関が見つからないことがあります。また，対象の子どもに協調運動の発達促進のためのアプローチが必要と思われるものの専門機関への紹介を促すまでではないと考えることがあるかもしれません。そのような場合に保護者に伝えるとよいと考えられることをまとめてみました。

この資料の内容は，DCD と考えられる子どもが専門機関につながっていない場合も，すでに専門機関につながって療育や支援を受けている場合でも，提示して問題がない内容だと思いますので，いずれの保護者に渡してもよいと思います。その資料を 49〜55 ページに掲載しています。これはダウンロード資料に含まれていますので，ダウンロードしてご使用いただいてもかまいませんが，内容が対象の子どもの特性に合うものかわかりませんので，その使用については使用者の責任の下，ご判断いただければと思います。

資料の中で，説明していることは次の内容です。

- 協調運動を育てることの意義について
- 園や学校の先生に伝えることの重要性
- 保護者が家庭で実施できる対応
  - 運動することへの自信がもてるように配慮する
  - 厳しくではなく褒めて楽しく教える
  - 教え方の情報を得る方法について
  - 運動の予習をすることの重要性

● 運動の不器用さが生活に影響しそうな場合，心配が大きい場合，発達性協調
運動症の診断がつく可能性も視野に入れて医療機関等に相談すること
● 動作の教え方の例
　①姿勢保持，②ボール遊び，③書字，④箸の使用，⑤ボタンかけ，⑥着替え

🔍 ダウンロード

［資料］協調運動の発達促進のために

☐ 協調運動を育てることの意義

　協調運動の発達促進は子どもの将来にとって重要です。

　運動の不器用さがある子どもは，学校で姿勢が維持できなかったり，文字が雑になったりして，注意されやすくなることがあります。跳び箱，縄跳び，球技などが苦手であると劣等感が強くなって自己効力感（自分ができることの認知）が低下することがあります。

　また，他の子どもとの休み時間の運動遊びを避けがちになることがあります。運動の不器用さから，学習，登校意欲，情緒にマイナスの影響が出ることがあります。そのため，運動の不器用さがある場合，発達早期からその改善を試みることが重要になります。

☐ 園や学校の先生に伝える

　運動の不器用さがある場合，それを園や学校の先生に正しく理解してもらうことは重要です。姿勢の崩れや文字が整わないことは，まじめにやっていないからというわけではなく，発達の特性によるものであることを理解してもらうことが必要です。努力しても姿勢の維持や手先のコントロールが困難になることを理解してもらい，叱責ではなく，支援をしてもらえるようになるとよいでしょう。

　園などでは，保育者がちょっと手助けをして，子どもに成功体験を味わわせるようにすることで運動への苦手意識を強めないようにできることもあります。

学校の先生に子どもの運動の不器用さのことを伝えておくと配慮をしてもらえることがあります。そのため，園や学校に早めに伝えるとよいでしょう。

□ 家庭でできること
・運動することへの自信を保つ
　運動への苦手意識を高めないようにすることが大切です。苦手な運動は大人とマンツーマンで行い，うまくできなくても大人が褒めて子どものやる気を高めることが大事です。例えば，ケンケンができないときに手を取ってケンケンをやってもらい，「上手に跳べている」と褒めてあげるとよいでしょう。

・厳しくではなく褒めて楽しく教える
　運動の不器用さがある子どもは，できないことを叱られたり，厳しく指導されたりすると緊張でさらに不器用になることがあります。親の期待通りにできないときにも厳しく指導するのではなく，成功するチャンスを増やし，そのときできたことを褒めるようにします。例えば，小さなボールでのキャッチボールが苦手な子どもがいたら，ビーチボールを受け止める練習に切り替える方法があります。うまくキャッチできずに落とした場合でも，「両手でボールを一回つかまえたね」とできたことを言ってあげるとよいでしょう。他の子どもとの比較ではなく，子ども個人の努力や伸びを褒めることが大切です。

・教え方の情報を得る
　箸の使い方などはネットに教え方が動画で紹介されていることがありますので，そのようなものを参考にされてもよいでしょう。

・運動の予習をすること
　運動の不器用さがある子どもは，他の子どもと一緒にやって自分だけができないという状況をとてもつらく感じます。そして，初めて行う運動が

特に苦手です。そのため，園や学校で，皆と一緒に初めての運動にチャレンジするという場面で失敗体験，劣等感が強くなります。そのため，運動の予習が大切になります。例えば，来月から学校で縄跳びが始まることがわかったら，自宅で親とマンツーマンで練習をしておきます。すると学校で縄跳びが始まったときにある程度できるようになって，劣等感を高めずにすむことがあります。

□ 運動の不器用さが生活に影響しそうな場合，心配が大きい場合

運動の不器用さが顕著な場合，発達性協調運動症という特性をもっていると判断されることがあります。これは発達障害の一種です。運動の不器用さのためにダンスや球技などの全身の協調運動がうまくできなかったり，文字を書く，リコーダーを演奏するなどの手先の協調運動などに困難が生じたりします。

このような場合，子どもの発達に詳しい医師や保健師に相談してみるとよいでしょう。子どもの協調運動を伸ばすリハビリや発達支援が行われているところを紹介してもらえることがあります。

□ 動作の教え方の例

発達支援に関わる専門家から，生活動作に関する運動動作の教え方や対応例を聴取しました。それらの回答の一部を動作ごとに分けて紹介します。

①姿勢保持
・ケンケンをできるだけ同じ場所で続けてやってもらう（図3-4-1）。
・ケンケン相撲をしてもらう。
・持続して片足で立つ競争を大人とする。
・目をつぶって立ってもらったり，片足立ちをしてもらったりする。

図3-4-1　同じ場所でケンケン
（すべりにくい所で）

- 車が来ない場所の縁石などの上を落ちないように歩いてもらう。
- 狭い台に乗って魚釣り遊びをする。
- 平均台の上に乗ったまま，体をひねる遊びをする（図3-4-2）。
- トランポリンで跳ねることを多くする。
- バランスボール上で子どもが座った状態で大人が揺らしバランス練習をする。
- 使用する椅子の座面に滑り止めマットを敷く。椅子と机のサイズを確認する。

図3-4-2　身体をひねる遊び

②ボール遊び

- ボールを投げて，ボーリングのピンやペットボトルを倒す遊び（図3-4-3）。
- 風船でバレーをしたり，はじいたりして遊ぶ。
- ビーチボール，ゴムボールを1メートルくらいの距離で転がしキャッチボールから始め，通常のキャッチボールに移行し，少しずつ距離を離していく。
- 風船，ビーチボールなどをバットで打ってもらう。
- キャッチしやすいようにボールを受け止めやすいように投げる。

図3-4-3　ボールを投げてボーリングのピンやペットボトルを倒す遊び

③書字

- 筆圧が弱い場合や線のコントロールが不十分な場合は，紙やすりやざらざらの下敷きを使ってぬりえや書字をしてもらう。
- 2枚の紙の間にトレーシングペーパーを挟み，上の紙に筆圧を高くして書くことで下の紙に写ることを楽しんでもらう（図3-4-4）。

- 筆記具の動的３指つまみ（親指，人差し指，中指でのつまみ）を引き出すためにコインをつまんで粘土に押し込む遊びをしてもらったり（図3-4-5），「黒ひげ危機一髪」のようなゲームで３指を使う経験をしてもらったり，爪楊枝を発泡スチロールに差す遊びをしてもらったりする。
- 粘土をスプーンでつぶす遊びをやってもらう。

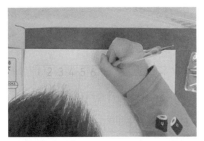

図3-4-4　トレーシングペーパーで写す

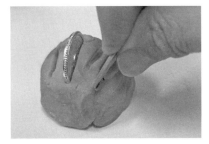

図3-4-5　粘土にコインを押しこむ

④箸の使用

- トング，ピンセットで物をつまむ遊びをしてもらう。
- 箸と指に色シールをはり持ち方を教える。
- 粘土やスポンジなどつまみやすいもので箸の練習をする。
- 薬指，小指でティッシュ等を握り，親指，人差し指，中指で洗濯ばさみを付け外すことで指の分離した動きを学んでもらう（図3-4-6）。
- ３指握りで１本箸を持ち，粘土のだんごに刺したり，ビー玉をはじいてもらったり，皿にある大豆を一本箸で混ぜてもらったりする。一本箸で刺して食べる。

図3-4-6　洗濯ばさみの操作

・ばね箸（箸どうしつながってバネで開くようになっている）を利用して，正しい持ち方，力の加減を覚えてもらう。

⑤ボタンかけ

・ひも通しを机上で行い，持ち替えの動作を獲得してもらう。
・指の力が弱い場合，洗たくばさみをはさむ練習をしたり，コインをつまみだすおもちゃでつまむ動きを育てたりする。
・ボタンはめ動作を途中まで手伝って，最後にボタンを通す部分を子どもにやってもらう。それができたら，もう1つ前のステップからやってもらうようにして，自分でできるステップを少しずつ増やすようにする（図3-4-7）。
・大きめ（1.5cm）から小さめ（8mm）のボタンに移行しながらつまむ，押し込むなどの操作の練習をしてもらう。
・大きめの服で練習したり，大人のエプロンのボタンで練習したりしてもらう。

図3-4-7　ボタンはめ（途中まで大人が手伝い，動作の最後は子どもにやってもらう）

⑥着替え

・焦らせるとうまくできないため，着替えの時間を長くとる。
・着替えのゴムの輪っか（直径10cmぐらい）を手足に通す遊びをしてもらう（図3-4-8）。
・ゆるめの服・靴で練習してもらう。
・着替えの途中まで大人が手伝い，動作の最後の部分を子ど

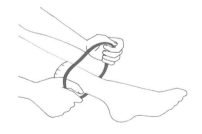

図3-4-8　輪っか（ゴム，やわらかいプラスチックなど）を足に通す

もにやってもらう。それができたら，次には 1 つ前のステップから子ど
もにやってもらうようにする（例えばズボンを大人が履かせ膝の上まで
引き上げ，その後は子どもが引き上げる。それができたら，次は大人が
膝の下までズボンを引き上げ，そこから子どもが引き上げる）。

　ここでは，協調運動が苦手な子どもへの支援の一部を紹介しました。
　もっと詳しい支援方法を知りたい場合には，本書の第 4 章や，鴨下賢一（編
著）／立石加奈子・中島そのみ（著）『発達が気になる子への生活動作の教え
方——苦手が「できる」にかわる！』（中央法規出版，2013），東恩納拓也『運
動の不器用さがある子どもへのアプローチ——作業療法士が考える DCD（発
達性協調運動症）』（クリエイツかもがわ，2022）などを参考にするとよいでし
ょう。

（岩永 竜一郎）

第4章

DCD のある子への支援
——具体的な問題への対応

1 DCD のある子への支援の基本的な考え方

⑴ 支援の必要性

　発達性協調運動症（Developmental Coordination Disorder：DCD）と診断された子どもは適切な支援を受ける必要があります。その理由の１つは，DCD のある子どもとは，単に協調運動技能が劣っているのではなく，日々の生活に困りを抱えている子どもであるからです。

　DCD は，国際的な診断基準の１つである ICD-11（WHO, 2018）における Developmental motor coordination disorder に相当し，この診断基準の中に，「協調運動技能の困難は，機能（例えば，日常生活活動，学業，職業・余暇活動）において有意かつ持続的な制限を引き起こす」（著者訳）という文言が設けられています。つまり，DCD の診断では協調運動技能の問題による日常生活活動への影響が考慮されているため，DCD と診断された子どもは日々の生活に何らかの困りを抱え支援を求めている子どもであるといえます。

　一方で，DCD の診断がなければ支援が不要というわけではありません。最新の DCD 国際推奨（DCD の定義，診断，アセスメント，介入，心理社会的側

面の国際的な臨床実践の推奨）（Blank et al., 2019）では，仮に DCD の診断
基準がすべて当てはまらなくても，日常生活活動の遂行に運動の問題がみられ
るときは子どもが活動に参加するための戦略を実行しなければならないと述べ
られています。しかも日本では，現時点で標準化された広く使用されているア
セスメントツールはほとんどなく，DCD を正確に診断するための体制が整っ
ていないため，診断を受けていなくても DCD の兆候がみられる子どもが多く
いると考えられます。

　運動が苦手でも時間が経つか，大人になれば良くなるといった認識の人もい
るでしょう。しかし，これまでの研究で，DCD には脳機能の特異性が関係し，
DCD のある子どもの 50〜70% は青年期や成人期でも症状が残存するといわれ
ています。まずは，DCD のある子どもや DCD の兆候がある子どもには支援
が必要であるという認識をもつことが重要です。

⑵　生活にも焦点を当てる

　DCD は協調運動技能の欠如が日常生活活動を著明および持続的に妨げるた
め，DCD のある子どもへの支援では生活上の困りを軽減することが重要な目
的となります。そのためには，世界保健機関（World Health Organization：
WHO）が提唱している国際生活機能分類（International Classification of
Functioning, Disability and Health：ICF）（図4-1-1）の「心身機能・身体構
造」だけでなく「活動」「参加」に焦点を当てることが重要です。具体的には，
DCD のある子どもへの診断，評価，目標設定，介入のプロセスにおいて「活
動」，「参加」レベルの視点を取り入れることが推奨されています。

　DCD の症状は目で見てわかりやすいため，動きのぎこちなさそのものや，そ
の原因を改善させなくてはいけないといった考えに陥りやすいかもしれません。
しかし，子どもの機能や能力だけでなく，「運動の不器用さによって子どもや家
族，周囲の人が生活上の何に困っているのか」，「支援によってどのような生活
になるとよいのか」といったことも考えながら支援していくことが重要です。

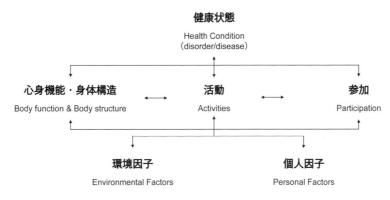

健康状態
Health Condition
（disorder/disease）

心身機能・身体構造　　　　活動　　　　参加
Body function & Body structure　　　Activities　　　Participation

環境因子　　　　　　　　個人因子
Environmental Factors　　　Personal Factors

図4-1-1　国際生活機能分類（ICF）（WHO，2001/厚生労働省訳，2002）

(3)　子ども・家族中心

　DCDのある子どものより良い生活を実現するためには，支援の中に本人と家族の視点を取り入れることが重要です。DCDのある子どもの日常生活活動の実態に関する研究では，DCDのある子どもは定型発達の子どもと比べて日常生活活動の遂行度や参加の程度に不均一性があることを報告しています（Van der Linde, van Netten, Otten, Postema, Geuze & Schoemaker, 2015）。つまり，日常生活活動の困難さは同じDCDであっても一人ひとり異なることが示唆されており，DCDのある子どもには個別性の高い支援が求められます。そのため，評価や目標設定，介入等において，子どもと家族の視点を取り入れることが重要です。

(4)　強みをいかす

　DCDのある子どもにも強みがあります。近年，DCDのサブタイプに関する研究が進み，DCDにはさまざまなタイプが存在すると考えられています。例えば，主に粗大な運動技能が困難なタイプと，主に書字能力を含む細かな運動技能が困難タイプに分けられることがあります。さらに，学童期のDCDの

ある子どもを認知，知覚，運動の指標でクラスター解析すると 5 つのグループに分類されることが示唆されました（Dyck, Baijot, Aeby, Tiege & Deconinck, 2022）。

このように，同じ DCD であってもその特性にはさまざまなタイプがあり，DCD のある子ども全員が全般的な問題をもっているわけではないということがわかっています。したがって，苦手なことだけでなく，得意なこと（強み）にも目を向け，支援の中でその強みを活かすことが重要です。例えば，DCD のある子どもで微細運動は苦手でも，ボールを投げることは得意な子どもがいたとします。そのような子どもに対して，苦手な微細運動に関連する支援を行うだけではなく，ボール遊びを増やしてたくさん褒められる時間を確保するなどすると，子どもの自尊心や自己肯定感を高めるための支援に得意なことを活かせるかもしれません。

(5)　目標設定

DCD のある子ども一人ひとりに適した支援を行うために個別の目標設定が必要です。支援によって具体的にどのような姿になると良いのかを検討しなければ，一般的な支援内容ばかりになったり，支援内容を検討しづらくなったりしてしまいます。

DCD のある子どもへの目標設定のポイントは 2 つあります。1 つは「活動・参加レベルの目標にすること」です。これまでも述べた通り，DCD のある子どもは日常生活活動が妨げられているため，困りを抱える具体的な活動やその活動への参加の改善を目標とすることが望ましいといえます。DCD国際推奨においても，目標が心身機能・身体構造レベルで設定されることがあるかもしれないが，主要な目標は活動・参加レベルに設定すべきであると述べられています。子どもの「バランス能力が向上する」「視知覚認知機能が向上する」などの目標設定がなされることがあるかもしれませんが，その場合は，それらの心身機能の向上が具体的にどの活動の遂行や参加につながるのかも検討します。

もう 1 つのポイントは「子どもと家族の視点を取り入れ，目標を共有するこ

と」です。DCD のある子どもへの支援は個別性が高く生活に焦点を当てることが重要であるため，支援によって具体的に何ができるようになると良いかや，どのような生活になれば良いかは，子ども本人と家族の意向を踏まえなければ考えることはできません。支援者側が一方的に目標設定するのではなく，子どもと家族の困りやニーズを十分聞き取り，子どもと家族と一緒に目標設定をします。

⑹　支援の形態

　支援の形態は個別と集団の大きく2つに分けられます。実際に DCD のある子どもを支援する場所や目的に合わせて形態を選択する必要があります。

　個別の支援のメリットとしては，個別性が高く，課題特異的な目標設定と支援内容を実施できる点が挙げられます。実際には，医療機関や療育センター，児童発達支援事業所，児童発達支援センター等の医療・療育機関等において，作業療法士や理学療法士，言語聴覚士，公認心理師等による専門的な介入として個別の支援が行われることがあります。

　一方，近年では，DCD のある子どもに対する集団ベースの支援も有効と考えられてきています。DCD国際推奨では，集団ベースの介入は運動の遂行に大きな効果を生み出すとし，少人数の集団介入を考慮することを推奨しています。国内においても，協調運動能力を評価する Movement Assessment Battery for Children, Second edition（MABC-2）を用いて作業療法士による集団ベースの支援の効果を検証した結果，神経発達症児の MABC-2総合点が統計学的に有意に改善したことがわかりました（東恩納，2022）。多くの子どもたちは保育園や幼稚園，学校，学童保育等における集団生活が主であるため，園や学校，学童保育等で支援する場合には，集団ベースの支援が選択されやすいかもしれません。

⑺　支援の方向性

　DCD のある子どもへの支援は，身体機能指向型アプローチと活動・参加指

向型アプローチの大きく 2 つにまとめられます。それぞれのアプローチに得手不得手がありますが、近年では、活動・参加指向型アプローチの方が十分なエビデンスがあり実施が推奨されています（Blank et al., 2019）。

　しかし、DCD 国際推奨では、身体機能指向型と活動・参加指向型の両方のアプローチが運動機能の改善に有効であることも言及されており、どちらか一方のアプローチに限定するのではなく、目標や実際の状況に合わせて 2 つのアプローチを併用することも重要です。

1）身体機能指向型アプローチ

　身体機能指向型アプローチとは、DCD のある子どもの心身機能・身体構造に焦点を当てるアプローチで、過程指向型アプローチ（process-oriented approach）やボトムアップアプローチ（bottom-up approach）と表現されることもあります。姿勢保持機能や姿勢調節機能、筋緊張、感覚処理、視知覚、眼球運動など子どもの機能面を改善させることで活動の遂行や参加を促そうとするアプローチです。具体的には、感覚統合療法、運動覚訓練法などが該当します。

2）活動・参加指向型アプローチ

　活動・参加指向型アプローチとは、DCD のある子どもの活動、参加に焦点を当てるアプローチで、課題指向型アプローチ（task-oriented approach）やトップダウンアプローチ（top-down approach）と表現されることもあります。食事や更衣などのセルフケアや、園や学校での活動、余暇活動・遊びなど具体的な活動の遂行やその参加に課題特異的に関わるアプローチです。具体的には、コアップアプローチ（Cognitive Orientation to daily Occupational Performance：CO-OP）、神経運動課題訓練（Neuromotor Task Training：NTT）などが該当します。

⑻　子ども－課題－環境の相互作用の視点

　DCD のある子どもへの支援では、子ども（個人）—課題—環境の相互作用

の視点をもつことが重要です。DCD のある子どもにみられる非定型的な運動パターンや遂行，スキル獲得の困難さには，子ども個人の要素（運動発達の遅れ，神経学的特徴など）が直線的に影響しているのではなく，課題や環境の要素も含んだダイナミックで相互作用的なメカニズムによって発症するものと考えられています（Blank et al., 2019）。そのため，DCD のある子どもへの支援では，子どもに対する支援だけでは不十分であり，同時に課題を工夫したり環境調整したりする支援も必要です。

　例えば，箸を使って食事をとることが苦手な子どもに対して，箸操作に関連する機能を高める活動をしたり，箸操作を練習したりするなど，子どもに対する支援が行われることがあります。しかし，子どもの特性や能力を考慮して，食事時間を長くする課題の工夫や，手の大きさに適した箸や使いやすい食器を使うなどの環境調整もしなければ，実際の食事場面での遂行や参加は改善しづらくなります。実は大人が提供する課題や環境も運動の不器用さに影響するという認識で支援することが重要です。

⑼　課題の工夫

　DCD のある子どもが十分に能力を発揮して活動を遂行したり参加したりするために課題の工夫が必要です。

　課題の工夫はスモールステップの考えに基づくことが重要です。DCD の中核的な症状は，運動制御，運動学習，認知の問題であると考えられているため，DCD のある子どもは，イメージ通りに全身や指先を動かすことが難しく，新しい運動スキルを習得しづらくなります。そのため，子どもにとってできない運動や活動を繰り返し練習させても効果はありません。むしろできないことの反復練習は，子どもの自尊心や自己効力感などの低下につながるリスクがあります。したがって，DCD のある子どもへの支援では，できる運動や活動を一つひとつ着実に習得していくスモールステップの考え方が重要です。

　子どもができる活動にするためには，子どもにとってわかりやすく楽しい課題にすることがポイントです。そもそも何をどのようにすれば良いかわかっていなければ自分の能力を十分に発揮することはできません。また，運動遂行に

は子どもの意欲や興味関心が大きく影響するため，子どもにとってやりたい，やってみたいと感じるような課題にすることも重要です。

そして，活動をスモールステップで行うためには段階付けが必要です。課題の段階付けには手順や工程で，運動要素の量などさまざまな段階付けの方法があります。重要なことは，一人ひとりの子どもの特性と活動に合わせて段階付けをしていくことです。活動の段階付けには具体的に以下のような例が挙げられます。

【ファスナー付きの服を着る】

更衣動作は複数の工程で成り立っています。そのため，更衣動作では，一連の動作を細かい工程に分解して段階付けすることができます。

①洋服の中間から首元までファスナーを引く

②洋服の下から首元までファスナーを引く

③留め具は大人が固定した状態で，ファスナーを留め具に引っ掛けて，ファスナーを引く

④留め具を固定し，ファスナーを引っ掛けて，ファスナーを引く

【ハサミで紙を切る】

ハサミで紙を切る動作には，利き手でハサミの刃を閉じる，利き手でハサミを開閉する，非利き手で紙を固定する，切る箇所（線）とハサミの刃を合わせる，両手で紙を持ち替えるといった複数の要素が含まれています。そのため，ハサミで紙を切る動作では，運動の要素が少ない課題から始め，徐々に要素を増やしていくような段階付けができます。

①大人が持つ紙の短い直線を，ハサミの刃を一回閉じるだけで切る

②大人が持つ紙の長い直線を，ハサミの開閉を繰り返しながら切る

③非利き手で持つ紙の長い直線を，ハサミの開閉を繰り返しながら切る

④非利き手で持つ紙の図形や曲線を，ハサミの開閉を繰り返し，紙を持ち替えながら切る

⑽ 環境調整

　DCD のある子どもへの支援では，環境からの働きかけが不可欠です。環境調整には，物的環境調整，人的環境調整，空間の調整などがあります。

　物的環境調整では，活動や運動スキルの遂行に必要な道具を準備する，使いやすい道具を利用するなどの対応が挙げられます。具体的には，縄跳びでは柄が太く握りやすい縄を使う，自転車に乗るときには子どもの身体に合った大きさの自転車を使う，当たっても痛くないクッション性の跳び箱を使う，シャツのボタンをつまみやすい大きさや厚さに変える，左右の靴紐を異なる色にする，上履きや靴のプルタブに輪を付けるなどの物的環境調整が挙げられます。

　人的環境調整では，DCD のある子どもに関わる人が運動の不器用さを十分理解しているかが重要です。たとえ子ども自身に意欲があり努力しようとしても，周囲の大人が理解不足であれば，練習の機会が減らされたり，不適切な声掛けによって意欲が低下したりしてしまいます。周囲の大人は運動の不器用さを理解しているのか，練習の機会は保たれているのか，がんばっている子どもを励ます人が子どもの近くにいるのかなど，子どもを取り巻く人的環境も把握しながら支援していくことが重要です。

　空間の調整では，具体的に，活動するための場所を確保したり，活動しやすい空間を確保したりするなどの対応が挙げられます。DCD は注意欠如・多動症（Attention Deficit/Hyperactivity Disorder：AD/HD）と高頻度に併存しやすく，DCD のある子どもに不注意の特性が強くみられる場合があります。そのような子どもへの支援では特に，不要な物は片づけたり，静かな部屋を整えたりするなどの空間の調整が重要です。

　環境調整は子どもの苦手を補う要素があるため，環境調整してしまうと別の環境でできなくなってしまうのではないかという考えがあるかもしれません。しかし，仮に DCD のある子どもへ環境調整がなされなければ，子どもは活動への参加の機会が保障されなくなってしまうリスクがあります。また，周囲の物や人，空間の環境が子どもの特性と合わなければ，子どもは失敗を繰り返し心理面や行動，情緒，仲間関係の問題など二次的な問題につながる可能性もあります。このように，DCD のある子どもにとって環境調整は即時的な効果だ

けでなく，活動への参加や二次的な問題の予防を促すためにも重要な働きかけ
といえます。

(11)　家族を巻き込む

　DCD のある子どもへの支援では，家族の参加が推奨されています。DCD国
際推奨では，介入に家族や重要他者が参加することを推奨しています（Blank
et al., 2019）。DCD のある子どもへの支援では，運動の不器用さによる生活上
の困りの軽減が重要であるため，子どもの生活を十分に把握している家族が時
には支援者側として関わることが重要と言われています。家庭以外の場所でで
きたことや，できたときの課題の難易度や環境について家族と共有し，家庭で
も同じ課題と環境で実施してもらうなど家族との密接な連携が重要です。反対
に，家庭でできた方法を他の場所でも実践してもらうこともあります。

　また，家族を巻き込むことは，DCD のある子どもの心理面の安定にとって
も重要です。DCD のある子どもには抑うつ傾向や自尊心の低下，不安が強い
などメンタルヘルスの問題がみられやすいことがわかっています（Lingam,
Jongmans, Ellis, Hunt, Golding ＆ Emond, 2012；Cocks, Barton & Donelly,
2009；Piek, Baynam & Barrett, 2006；Kirby, Williams, Thomas & Hill, 2013）。
家族が子どもの運動の不器用さの特性や支援の方向性を理解することで，「な
んでできないの」「この前できたでしょ」といった不適切な声掛けではなく，
「今日もやってみよう」「がんばってるね」など肯定的な声掛けを家庭でも受け
ることができ，DCD のある子どもの心理面の安定につなげることができます。

（東恩納 拓也）

文献

Blank, R., Barnett, A.L. Cairney, J. Green,D., Kirby, A.,Polatajko,H.,… & Vinçon,S.(2019).
　　International clinical practice recommendations on the definition, diagnosis, assessment,
　　intervention, and psychosocial aspects of developmental coordination disorder. EACD
　　Recommendations. *Developmental Medicine & Child Neurology*, 61(3), 242-285.

Cocks, N., Barton, B., & Donelly, M. (2009). Self-Concept of boys with developmental coordination disorder. *Physical & Occupational Therapy in Pediatrics*, 6-22.

Dyck, D.V., Baijot, S., Aeby, A., Tiege, X.D., & Deconinck, N. (2022). *Cognitive, perceptual, and motor profiles of school-aged children with developmental coordination disorder.* Frontieres in Psychology, August.

東恩納拓也 (2022). 運動の不器用さがある子どもへのアプローチ——作業療法士が考える DCD〈発達性協調運動症〉—— クリエイツかもがわ

Kirby, A., Williams, N., Thomas, M., & Hill, E. (2013). Self-reported mood, general health, wellbeing and employment status in adults with suspected DCD. *Research in Developmental Disabilities, 34*(4), 1357-1364.

Lingam, R., Jongmans, M., Ellis, M., Hunt, L., Golding, J., & Emond, A. (2012). Mental health difficulties in children with developmental coordination disorder. *Pediatrics, 129*, e882-e891.

Piek, J., Baynam, G., & Barrett, N. (2006). The relationship between fine and gross motor ability, self-perceptions and self-worth in children and adolescents. *Human Movement Science, 25*(1), 65-75.

Van der Linde, B.W., Van Netten, J.J., Otten, B., Postema, K., Geuze, R.H., & Schoemaker, M.M. (2015). Activities of daily living in children with developmental coordination disorder: Performance, learning, and participation. *Physical Therapy & Rehabilitation Journal, 95*(11), 1496-1506.

World Health Organization. (2001). *ICF: International classification of functioning, disability and health.* Geneva, Switzerland：Author.（厚生労働省（訳）(2002). 国際生活機能分類——国際障害分類改訂版 Retrieved from https://apps.who.int/iris/bitstream/handle/10665/42407/9241545429-jpn.pdf（2024年3月12日閲覧）

WHO（2018）. 6A04 Developmental motor coordination disorder Retrieved from https://icd.who.int/browse11/l-m/en#/http%3a%2f%2fid.who.int%2ficd%2fentity%2f148247104（2024年1月25日）

② DCDのある子のスキルを伸ばすアプローチ──CO-OPについて

> 【ポイント】
> 子どものスキルを伸ばすためには？
> 1．スキルを伸ばすためには「作戦」が重要
> 2．大人は子どもが作戦を発見できるよう「ガイド」する
> 3．子ども─保護者─教育者─セラピストなど「チーム」で子どもを支える必要がある

⑴　はじめに

　子どもたちの生活は，セルフケア（着替え，食事など），あそび（ブロック，スポーツなど），学業（書字，読書など）といったさまざまな活動によって占められています（図4-2-1）。これらの活動を子ども自身で選択・実行し，その

【セルフケア】　　　　　　　【あそび】　　　　　　　【学業】

図4-2-1　子どもの日常生活と協調運動

結果から満足を得られるには一定レベルの「スキル」を身につける必要があります。発達性協調運動症（DCD）のある子どもたちは，このスキルを身につけることがとても苦手です。

　ここでは DCD児のスキルを身につける／伸ばすアプローチを，３つのレイヤーに分けて説明したいと思います。３つのレイヤー（図4-2-2）とは，１）子どものレベル，２）大人（子どもの成長を支える者として）のレベル，３）チームのレベル，です。

　３つのレイヤーの核になるものは CO-OP（コアップ）（塩津，2021；ポラタイコ＆マンディッチ，2004 塩津・岩永監訳 2023）です。CO-OP は，Cognitive Orientation to daily Occupational Performance（日常作業遂行に対する認知オリエンテーション）の略で，DCD の国際推奨において活動・参加を目的としたアプローチの中で最も高いエビデンスレベルと推奨グレードとされています（Blank et al., 2019）。DCD のある子どものさまざまなスキルを習得するために開発されたアプローチですが，現在では脳性麻痺，自閉スペクトラム症など，さまざまな特性をもつ子どもに応用され，その効果も少しずつ確認されています（Novak & Honan, 2019）。加えて，保護者に対するコンサルテーションアプローチや遠隔リハビリテーションで用いられることもあります（ポラタイコ＆マンディッチ，2004 塩津・岩永監訳 2023；Shiozu & Kurasawa, 2023）。

　もう少しだけ CO-OP の説明をしたうえで，３つのレイヤーの説明に入りたいと思います。

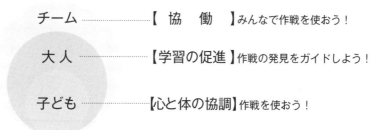

図4-2-2　スキルを伸ばすための３つのレイヤー

⑵　CO-OP について

1）なぜ CO-OP が誕生したのか？

　CO-OP は 1990年代から開発がスタートしました。カナダの作業療法士のヘレン・ポラタイコ（Helene Polatajko）が以下の背景に基づいて開発しました（Polatajko & Mandich, 2004 塩津・岩永監訳 2023）。

①人は自身で目標を達成した時に最も学習し成長します。子ども自身で目標を達成するための作戦を発見することに着目しました。
②どれだけ力をつけても，どれだけバランス力が向上しても，子どもが目標とするさまざまな活動ができるようにならなければ意味がありません。
③クライエント（子ども・保護者など）は実際に役に立つ／効果がある方法を必要としているのです。DCD のある子どもに対するエビデンスのあるアプローチが必要でした。
④特殊な器具や空間を要するのでは，多くの子どもがアプローチの恩恵を受けることができません。実生活の中で実施できる方法が大切なのです。
⑤現代科学の運動学習理論では，パフォーマンスを向上させるために人―活動―環境の相互作用を重視します。CO-OP は現代科学の進歩のうえに考案されたものです。

2）CO-OP の目的とは？

　CO-OP の目的は以下の 4 つがあります。

①スキル習得

　子どもが目標とするさまざまな活動ができるようになるためにはスキルを習得する必要があります。

②作戦の使用

　子どもには作戦ユーザーになってほしいという想いがあります。なぜなら，作戦を使いこなしさまざまな問題解決スキルを身につけることができれば，それは生涯使える生活スキルになるからです。

③般化

　特定の文脈や状況を超えてスキルを発揮できることを目指します（例：リハビリ施設で自転車スキルを習得した後に，公道や坂道でもそのスキルを発揮できる状況）。

④転移

　一つの成功は別の活動へ応用することを目指します（例：手首の力を抜く作戦でボールキャッチに成功！　その作戦をボール投げにも使ってみると上手に投げられるようになった）。

3）CO-OP をうまく使える人とは？

　CO-OP の効果を最大限に引き出すために，可能な限り使用する人が満たすべき要件がいくつかあります。

①子ども中心の哲学

　子どもが目標とするさまざまな活動ができるようになるためにはスキルを習得する必要があります。

②子どもの特性を理解する

　遂行の問題の理解と解釈を高めるための一つに，子どもの特性（障害を含む）を理解することが大切です。

③子どもの行動をコントロールする力

　子どもの興味・関心を引き寄せ，子どもの参加を十分に促す必要があります。

④効果的なコミュニケーションスキル

　CO-OP では言語を多用します。そのため子どもに応じた適切なレベルでコミュニケーションをとる必要があります。

⑤活動分析のスキル

　遂行の問題を特定するためには，その活動に含まれる工程やつまずいている工程を明らかにできる必要があります。

⑥学習理論とその原則についての基本的な理解

　学習を促進するために，学習理論の理解とテクニック（強化，プロンプト，

モデリング，チェイニング，フェーディングなど）を使用することができれば，効果がより期待できます。

⑦子どもの環境における保護者または重要他者との連携

　般化・転移の目的を達成するためには，子どもの生活環境で重要な役割を果たす人々とうまく連携できる必要があります。

(3)　子どものレベル──作戦を使おう！

1）スキルが伸びる背景

　DCD児は「スキルを身につける」ことに困難さがあります。運動の問題（不器用さ）と聞くと「体」について考えてしまいがちです。もちろん，体の各パーツを協調させることは重要ですが，「心と体を協調させること」が本質的に重要です。ここでいう心とは「認知（脳）」のことをさし，体とは感覚─運動の「入出力器官」をさします（図4-2-3）。図4-2-3にあるように，さまざまな感覚入力をまとめ上げ，運動計画と出力を行い，その結果のフィードバックに基づき修正する一連のプロセスによってスキル習得が左右されます。このプロセスが繰り返され，運動計画と結果の離齬が最小限になることで「スキルが身につく・伸びる」ことになります。

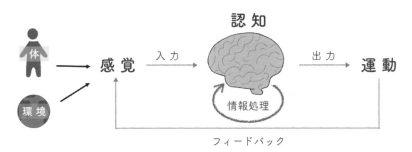

図4-2-3　子どもの日常活動の背景にある神経活動

2) 作戦を使おう！

　スキルが伸びるその背景を，運動学習の視点からもう少し具体的に説明します。みなさんが何か初めて経験する際，どのようなことを考えているでしょうか。手順，ルール，道具の使い方……など，さまざまなことを「考えながら」取り組み始めるはずです。このことは，スキルを身につけるための3つの段階（表4-2-1）で説明できます。それは，①認知段階，②連合段階，③自動化段階，です。

①認知段階

　さまざまなことを考えながら練習する時期です。子どもたちは，活動の特性は何なのか，どうやって行えばいいのか，成功するためには何が必要なのかを一生懸命考えながら練習し始めます。当然，遂行はぎこちなく，失敗の連続です。練習しながら独り言を言うことや，試行錯誤している様子が見受けられるでしょう。

②連合段階

　考えなければいけないことが徐々に減ってくる時期です。遂行はより速く正確にできるようになり，失敗確率も減少していきます。また，独り言も減ってくることが特徴です。

③自動化段階

　運動学習の最終段階であり，無意識的に遂行ができるようになっていきます。より協調されたスムーズで安定した遂行ができ，注意や努力の量が最小限となっていきます。

表4-2-1　スキルの成長段階と作戦の必要性
（Polatajko & Mandich, 2004 塩津・岩永監訳 2023 より作成）

スキルの成長段階	特徴	作戦の必要性
①認知段階	知識・方法を考えながら練習する	必要
②連合段階	できていないことのみ焦点をあてる	必要
③自動化段階	自動的に遂行できる	不要

　こうした一連の運動学習は，多くの子どもは自然と実現するかもしれません。しかし，DCD を有する子どもには，運動学習の初期段階の認知・連合段階でつまずいていることが考えられます。そのため，初期段階をサポートするために「作戦」を使うことが重要と言えます。

3）どのような作戦がある？

　2種類の作戦を紹介します。1つ目は「問題解決の枠組み」です。まず子どもが問題解決の方法を知らなければ，スキルの成長段階は一向に進まないわけです。ここで紹介する問題解決の枠組みは，【目標―計画（作戦）―実行（練習）―確認】（図4-2-4）です。スキルを伸ばしたい，運動がうまくなりたい時には，まずこの問題解決の枠組みを思い出し，これを用いて練習を進めていくことが大切です。

　2つ目は「子どもオリジナルの作戦」です。問題解決の枠組みのうち「計画（作戦）」の段階で発見された具体的な作戦をさします。基本的には，同じ活動でも子どもによって効果的な作戦は異なり，その種類は無限にあります。しか

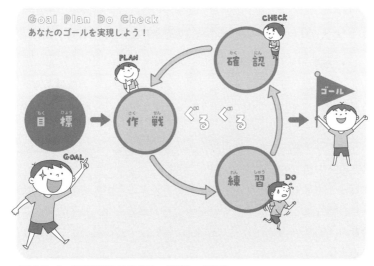

図4-2-4　問題解決の枠組み（塩津，2021）

表4-2-2　作戦の分類とその特徴（塩津，2021）

作戦の分類	特徴
①カラダの位置づけ	活動全体または部分的に関連する，カラダの位置や動きをガイドする作戦
②実行への注意	活動の実行（動き）に注意を向ける作戦
③動きを感じる	課題の完了に必要な特定の動きを感じる作戦
④動きのイメージ	特定の動きを心の中で再生する作戦
⑤動きの覚え方	動きや活動の要素に名前をつけることで記憶する作戦
⑥手順の覚え方	手順をガイドするために言葉で手順を口にする作戦
⑦リラックス	落ち着くことや力まない状態にする作戦
⑧知識の補足	活動の情報を言葉にする，情報の取得方法に関する作戦
⑨活動・環境の明確化／修正	活動や環境をわかりやすくまたは調整する作戦

し，表4-2-2のようにいくつか分類することができます。

(4)　大人のレベル──作戦の発見をガイドしよう！

　DCD児は効果的な作戦を発見することが難しいがゆえに，スキルを身につけづらいと捉えることもできます。そのため，大人が作戦の発見をガイドしてあげる必要があります。DCD児のスキルを伸ばすためのポイントを説明します。

1）CO-OPのコンセプトを子どもに手渡す

　まずは子どもにCO-OPのコンセプトを手渡すことが大切です。作戦を使って一緒に目標達成していこうというメッセージとともに，そのためには問題解決の枠組み【目標─計画（作戦）─実行（練習）─確認】（図4-2-4）が有用であることを伝えてください。

2）目標を設定する

目標設定は，子ども自身のありたい姿を言語化していくことです。子どもの声を大切にして，子ども中心に目標設定のプロセスを進めることが重要です。目標が見つからないこともあるでしょう。その場合は，日常行っている活動を振り返り，改善したい活動を探索することも良いでしょう。

CO-OPでは複数個（最大3つ）の目標を設定してアプローチを進めていきます。なぜなら，目的に転移を挙げたように，一つの成功を別の活動の成功につなげるためには，複数の目標を用意することが必要なのです。

3）問題の分析

運動の不器用さは，子どもの能力だけでは生じません。活動や環境との相互作用によって生じます。そのため，運動の問題を分析する際は「子ども―活動―環境」の相互作用を分析するようにしましょう。

- 子ども：動きや注意など「やり方」の問題
- 活動　：回数，距離など「やること」の問題
- 環境　：道具，場所など「まわり」の問題
  - ＊前提条件として，子どもの「モチベーション」や「知識」に原因が無いか確認しておきましょう。

4）作戦の発見をガイドする

作戦の発見をガイドするためには教えずに「効果的な質問をする」ことが大切です。教示方法の連続性モデル（図4-2-5）で，教示（教えること）の連続性を理解することは子どもとの関わりの整理に役立ちます。最も教示が少ない関わりは，すべてを子どもに委ね，子どもだけで発見することを待つ関わりです（発見学習）。逆に最も教示が多い関わりは，手取り足取り教える関わりです（明示的指導）。CO-OPは，ちょうどこの中間の関わりを目指します。子どもの声を尊重しながらも，いつでもサポートし，子ども自身で発見することをガイドする関わりです（ガイドされた発見）。「どんな作戦を使えばうまくいくだろう？」「足の動きはどうだったかなぁ？」「1回目と2回目だったらどっちが上手？」など，質問を通して気づきを与えることが重要です。質問のポイン

トとして「砂時計型質問」があります（図4-2-6）。

　また，作戦は子ども（やり方）に限ったものではありません。活動（やること）／環境（まわり）に対する作戦の発見もガイドしていきましょう（図4-2-7）。

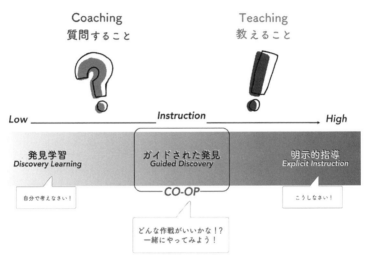

図4-2-5　教示方法の連続性モデル

図4-2-6　砂時計型質問

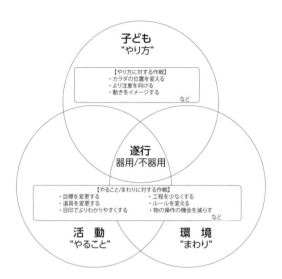

図4-2-7　多様な作戦の発見のガイド

5) 成功を強化する

成功を強化するためには4つのポイントがあります。

①とにかく楽しく！

ポジティブ感情がモチベーションや遂行に良い影響があると言われています。特に，DCD児は失敗経験も多く運動に対して負の感情をもちやすいです。楽しめるような雰囲気づくり，大人の態度など，子どもが楽しく安心して取り組めるように趣向を凝らしましょう。

②学習を促進する！

人が成長していく過程において他者の存在が大切です。以下のような大人が成長を促すテクニックを活用できればよりよいでしょう。

- 良いと思ったらすかさず褒める
- 効果的なヒント（体を誘導する，モデルを見せる，言葉がけ，など）を与える。かつ，ヒントは徐々に減らしていく

- スモールステップで目標につなぐ
③自立に向けて取り組む！
子どものみで作戦の発見と使用する機会を作りましょう。
④成功を応用していく！
一つうまくいった作戦があれば，別の活動でも応用できないか子どもと共に探しましょう。

(5)　チームのレベル ──みんなで作戦を使おう！

子どものスキルが伸びることが最終目標ではありません。子どもがそのスキルを使って教育場面や集団場面に参加することが目標です。それを実現するには，大人自身も作戦を使うことが必要であり，チームで取り組む必要があります。実際に，DCD児の「参加」の実現に向けたチームでの取り組みモデルを紹介します。DCD児に対するチーム支援法の一つにP4C（変化のための協業）（ロジャー＆ケネディ・バー，2010 塩津・三浦監訳 2023）があります。これは，以下の4つのCを基本原則としたモデルです。
- 文脈内（Context）　　　　：実際の生活場面で実践する
- 協働（Collaboration）　　：子どもの参加のためにさまざまな人が協働する
- コーチング（Coaching）：作戦を用いた問題解決を基盤とする
- 能力（Capacity）　　　　：子どもに関わる大人の能力も開発する
実際の方法については，図4-2-8 に沿ってポイントを説明します。

1）関係構築（図4-2-8：内外輪）
なんといっても，多様な子どもを支援するためにはチームを組むことが重要でしょう。生徒─保護者─教育者─セラピストなどがつながれる機会を積極的に作りましょう。

2）知識の翻訳（図4-2-8：内外輪）
より効果的な支援を実現するためには，実際の生活場面（自宅，幼稚園，小学校など）で使える形に知識を翻訳し共有していくことが大切です。

図4-2-8　変化のための協業モデル（P4C）（塩津・三浦，2023）

３）３つの支援段階（図4-2-8：三角形）

　集団場面には多様な子どもが存在するため，子どもの反応に応じて必要な支援を提供していく必要があります。P4C では，RTI（Response to Intervention：教育介入への反応）というモデルを基盤とし，下記の三段階で支援を段階づけしています。

・第一段階：学習のためのユニバーサルデザイン

　例えば新しい運動を学ぶときに「作戦」を発見し使用する機会を子ども全員に提供するなど「すべての子どもにとって良いことであり，一部の子どもにとっては必要不可欠」な支援を実施することです。

・第二段階：多様性に応じた指導

　「学習のためのユニバーサルデザイン」を行っても，同年代が実施可能なレベルの活動を行うことが困難な小さな集団に目を向けます。具体的にどの活動が難しいのか特定し，それに対する具体的な作戦を検討する必要があります。

・第三段階：配慮

　それでも困難さを示す子どもが集団内にいるのであれば，活動や環境の変

化を伴う作戦を実施してみる必要があります。全体で行う活動の難易度を下げることや道具や場所などの変更も検討する必要があるでしょう。

このように DCD 児を支えるためには，階層的でさまざまな職種の連携によって，インクルーシブな支援が実現可能となります。

(6) おわりに

多様な子どもたちのスキルの伸ばし方も多様です。重要となるのは作戦の発見と使用を通じてスキルを身につける／伸ばすことであると説明してきました。
また，それを実現するにはチームで支援することも重要でしょう。子どもを中心に，保護者，教育者，セラピストが関係性を構築し，知識を共有することを基本とし，支援が必要な子どもに必要なだけサポートできるよう段階的なサービスを提供できる場を築いていきましょう。

（塩津 裕康）

文献

Blank, R., Barnett, A.L. Cairney, J. Green,D., Kirby, A.,Polatajko,H.,… & Vinçon,S.(2019). International clinical practice recommendations on the definition, diagnosis, assessment, intervention, and psychosocial aspects of developmental coordination disorder. EACD Recommendations. *Developmental Medicine & Child Neurology*, *61*(3), 242-285.

Novak, I. & Honan, I. (2019). Effectiveness of paediatric occupational therapy for children with disabilities: a systematic review. *Australian Occupational Therapy Journal,* 66(3): 258-273.

塩津 裕康（2021）．子どもと作戦会議 CO-OP アプローチ入門　クリエイツかもがわ

Shiozu H. & Kurasawa S. (2023). Cognitive Orientation to daily Occupational Performance (CO-OP) approach as telehealth for a child with developmental coordination disorder: a case report. *Frontiers in Rehabilitation Sciences,* 14: 1241981.

Polatajko, H. J. & Mandich, A.(2004). *Enabling Occupation in Children : The Cognitive Orientation to daily Occupational Performance (CO-OP) Approach*, Ottawa, Ont. : CAOT Publications ACE.（ポラタイコ，H. J. & マンディッチ, A.（著）塩津 裕

康・岩永 竜一郎（監訳）古賀 祥子（訳）(2023). 子どもの「できた！」を支援する CO-OP アプローチ──認知ストラテジーを用いた作業遂行の問題解決法── 金子書房

Rodger, S. & Kennedy-Behr,（2010）. *A.Occupation-Centred Practice with Children: A Practical Guide for Occupational Therapists.*（ロジャー, S. & ケネディ・バー, A.（著）塩津 裕康・三浦 正樹（監訳・訳）(2023). 子どもとの作業中心の実践 OCP──作業療法実践ガイドブック── クリエイツかもがわ

❸ 保育・教育の現場での DCD のある子への合理的配慮

　DCD やその疑いのある子への保育，教育の中での支援を考える際には，特別支援教育における「合理的配慮」の視点が重要となります。ここではまず「合理的配慮」の基本的な事柄を確認したうえで，いわゆる不器用な子どもへの保育や教育現場における配慮の在り方について考えていきたいと思います。

(1)　「合理的配慮」とは

　合理的配慮とは，「障害者の権利に関する条約」で定められているもので，障害やその疑いがある子ども一人一人が，他の子どもと同じように，生き生きと園生活や学校生活を送るために必要とされる環境などの変更や調整のことを指します。

　例えば文部科学省は，以下の３点をより具体的な学校における合理的配慮のポイントとして，挙げています（特別支援教育の在り方に関する特別委員会，2010）。

　合理的配慮の実施について，文部科学省所管事業分野の対応指針（平成27年

表4-3-1　学校における合理的配慮の３つのポイント
（特別支援教育の在り方に関する特別委員会，2010 をもとに筆者作成）

	筆者による具体例
（ア）教員，支援員等の確保	サポートする人材を確保する
（イ）施設・設備の整備	活動しやすい環境設定や環境の調整
（ウ）個別の教育支援計画や個別の指導計画に対応した柔軟な教育課程の編成や教材等の配慮	個別の計画の作成・報告や，個別の課題や教材の準備

11月9日告示）の概要では,「障害者から現に社会的障壁の除去を必要としている旨の意思の表明があった場合において,その実施に伴う負担が過重でないときは,社会的障壁の除去の実施について必要かつ合理的な配慮をするように努めなければならない」とされています。これに加え,この指針では「介助者や支援員等の人的支援に関しては,障害者本人と介助者等の人間関係や信頼関係の構築・維持が重要であるため,これらの関係も考慮した支援のための環境整備にも留意することが望ましい。また,支援機器の活用により,障害者と関係事業者双方の負担が軽減されることも多くあることから,支援機器の適切な活用についても配慮することが望ましい」と記されています。2013年の「障害を理由とする差別の解消の推進に関する法律」（障害者差別解消法）の成立も受け,聴覚障害や肢体不自由などの身体障害のある子どもへの合理的配慮については少なからず,そのノウハウが蓄積されているように思われます。それに比べて,DCD のある子どもへの合理的配慮については,そうしたノウハウの蓄積がいまだ少ないため,本書がその一助となることが期待されます。

　合理的配慮を園や学校で円滑に行うためには,本書の随所に記載されている具体的な支援例を参考にしつつ,園内や校内の先生方の情報共有をよく行うとともに,行政や地域の特別支援学校などが提供する専門家からの助言を受ける制度などを積極的に活用していただければと思います。

　さて,表4-3-1 の（ウ）で挙げられている「個別の教育支援計画」（個別の教育及び保育支援計画）とは,子どもの成長に応じた一貫した支援を行うために関係者が集って作成するもので,特に保育園やこども園,幼稚園から小学校に進級する際には,これまでに行ってきたよかった支援を引き継いでもらうためにも,重要な役割を果たします。個別の環境設定や課題の準備を事前に行うためには,事前に指導計画や単元計画を定めておいたうえで,計画的に活動や授業を行うことが必要となってきます。指導に携わる教員に過度な負担をかけることがないように,管理職の方には適切な園内・校内体制を整備していただきたいと思います。

　さまざまな障害種への合理的配慮がある中で,共通のキーワードの一つとして挙げられるのは,「多様な参加を認める」ということだと思います。学校にいる子ども全員が,まったく同じ方法で平等にその活動に参加しようとする画

一的な教育活動を目指すことは，合理的配慮の理念からはかけ離れています。それぞれの実態とその保護者も含めた当事者の願いに寄り添うために，適うならばできうるかぎりの選択肢を呈示したうえで，その障害特性を踏まえた「公正な活動への参加」の方法を選んでもらうことが，目指されるべきでしょう。

(2) 子どもの「できた‼」を育てるために

　子どもにおける運動の苦手さは，肥満のような健康問題だけでなく，集団での遊びへの不参加や本人の孤立を招くこととなり，自信のなさや引っ込み思案な態度のような二次障害につながることがあるとされています。ただ，こうした傾向は，幼い頃から必ずしも常に認められるものではなく，小学校へ進学して学年が上がり，子どもの自己認識が深まっていくにつれ，高まっていくとも言われています（平田・奥住, 2022）。例えば，Hirata, et al.（2021）では，約4歳の時点（いわゆるこども園における年少組の春）における運動能力やメンタルヘルスの問題が，約6歳の時点（年長組の冬）における運動能力やメンタルヘルスの問題と関係するのか検討しました。運動能力の評価としては実技課題である Movement Assessment Battery for Children-Second Edition（MABC-2）が，メンタルヘルスの問題については保育者による SDQ（Strength and Difficulties Questionnaire）が実施されました。約40名という小規模の集団ではありますが，年齢縦断的な測定の結果，4歳の時点における運動能力（10名の者の成績が，DCD が疑われる水準にありました）は，6歳の時点における運動能力とは関連するが，メンタルヘルスの問題や向社会的行動の程度とは関係しないことが明らかとなりました。また，4歳の時点におけるメンタルヘルスの問題の程度は，6歳の時点におけるメンタルヘルスの問題とは関係するが，運動能力の問題とは関連しないことも明らかとなりました。しかし，この一方で，協調運動の問題による二次的な問題がさほど発展していないと思われる年少の DCD 児でも，メンタルヘルスの問題が認められることや（Rodriguez, Wade, Veldhuizen, Missiuna, Timmons & Cairney, 2019），日本でも5歳児における運動能力の個人差とメンタルヘルスの問題が，自閉症特性の個人差も関わりつつ関連していることも報告されています（Shirama, et al., 2021)。こうした研究は，DCD や協調運動の問題を示す子どもにおけるメンタルヘルスの問題を，すべて長じてからの二次障害として捉えることの危うさも示しており，早期の気づきと配慮の重要性を示しています。

　保育園や幼稚園の頃から，「みんなと一緒に体を動かすことが楽しい!!」，「みんな，それぞれのやり方があるんだ」と，身体を動かすことの楽しさや多様性への理解を促していくことを園全体として心がけていくことで，運動が苦手な子たちはもちろんのこと他の子どもたちにも自信をもって生き生きと活動できる気持ちを育てていきたいものです。国際的な障害理解の枠組みといえる国連生活機能分類（ICF）では，個人の医学的な疾患に基づく困難だけでなく，個人を取り囲む環境因子と，その人固有のニーズである個人因子の役割を重要視します。この環境因子の中には，合理的配慮のような具体的な支援の有無のみならず，周囲の人々や社会の価値観も含まれます。子どもの不適応の原因は，子ども本人のみに求められるものではなく，当然その周囲の広い意味での環境にも求められるべきものであることを忘れてはならないと思います。

　しかし現実的な問題として，学校教育の中で行われる体育の授業などが，単に身体を動かして楽しいと思うには，時に相当の高いハードルがあることも事実です。例えば，大勢の児童生徒の前で球技やマット運動のような苦手な運動を行わなければならず，その出来具合を比較され，並べられる状況は，（筆者自身のかつての記憶にもありますが）本人の自尊心を否応なしに傷つけるものです。先に合理的配慮のキーワードとして，「多様な参加を認める」ということを挙げました。運動が苦手であることと，体育に参加することとは，分けて考えていくことも，合理的配慮を考えていくうえで重要な手がかりになると思われます。身体を動かすことの楽しさを経験することは，すべての子どもにぜひ経験してほしいことです。しかし，それは必ずしも他のみんなとまったく同じように体育に参加することを意味するわけではありません。さまざまな特徴の子どもが，安心して参加できる合理的配慮がなされることが重要であることを，重ねて強調しておきたいと思います。また，子どもががんばって苦手な運動を自分なりにできていた時には，そのがんばりを見逃さず，褒めてあげることを忘れない周囲の心構えが大事であるのは，あらためて言うまでもありません。

最後に，本書の趣旨から少し外れてしまうかもしれませんが，運動能力の問題から心の問題が生じることを「予防」するために，運動能力を高めていくという見方だけでなく，子ども一人一人が，それぞれありのままで特別な存在なのだということを，支援者が心に留めておくことの重要性にも触れておきたいと思います（平田・奥住（2022）も参照のこと）。宮原（2017）は，クリスティン・ネフ（Kristin Neff）によるセルフコンパッションの考え方を参照しつつ，「もし，運動能力が低かったり，ある特定の運動技能を遂行することができなかったとしても，その事実も落胆した気持ちも，ありのままに受けいれた上で，それでも自分は人間としての存在価値があると肯定的に自分を受け入れ，それなりに充実して満たされた気分」になることの重要性を指摘しています。ネフ（2015/2021）によると，セルフコンパッションとは「自分への思いやり」のことであり，「自分に優しくする」こと，「共通の人間性を認識する」こと，「マインドフルネス」が主要な3要素として挙げられます。このうち，「共通の人間性」とは，セルフコンパッションを単なる自己受容や自己愛と区別するものであり，自分の力不足にがっかりする感覚が万人に共通のものであることを忘れないというような，人間に共通して見られる体験への認識や洞察を深めることとされます。また，マインドフルネスとは，苦痛を無視したり誇張したりしないで，自分の体験をバランスよく自覚し続けることとネフは述べています。ネフは，自尊心をやみくもに高めるのではなく，セルフコンパッションを取り入れていくことが，生活充足感を高めていくと強調しています。こうした考え方には，楽観論や諦めという言葉だけでは片づけられない重要性があるように，筆者には思われます。

　セルフコンパッションは，ストレスへの対処方略の一種ということも可能ではあります。しかし，セルフコンパッションの概念は，運動能力が高いことのみに重きを置く社会や学校文化それ自体を乗り越えようとするものでしょう。少し文脈は異なりますが，青木（2020）は困難に向きあうための力は，各人固有の部分もあるが，環境などの影響を受け変動するものであり，そうした力を強める最大のものとして「人とのつながり」を挙げています。子ども本人の願いや希望に寄り添いつつ，運動能力の低さのような運動の非定型性に対する私たちの態度それ自体を，見つめ直していく必要も，時にまたあるのではないで

しょうか。DCD やその疑いのある子への理解や配慮が進み，彼らが生き生きと過ごせる社会が実現することを願い，稿を終えたいと思います。

（平田 正吾）

文献

青木 省三（2020）．ぼくらの中の「トラウマ」――痛みを癒すということ―― 筑摩書房

Hirata,S.,Kita,Y., Suzuki,K.,Kitamura,Y.,Okuzumi, H.,& Kokubun,M. (2021)． Motor ability and mental health of young children: a longitudinal study. *Frontiers in Education* 6:725954.

平田 正吾・奥住 秀之（2022）．病弱教育における子どものメンタルヘルスの問題についてのノート――いわゆる「不器用」と環境ストレス仮説―― 東京学芸大学総合教育科学系紀要, 73, 271-276.

宮原 資英（2017））．発達性協調運動障害――親と専門家のためのガイド―― スペクトラム出版社

Neff, K.(2015).*Self-Compassion: The Proven Power of Being Kind to Yourself.* William Morrow Paperbacks.（クリスティン，N．石村 郁夫・樫村 正美・岸本 早苗（監訳）浅田 仁子（訳）(2021)．セルフ・コンパッション（新訳版） 金剛出版

Rodriguez,M.C., Wade, T. J.,Veldhuizen, S., Missiuna, C.,Timmons, B. & Cairney, J. (2019) Emotional and behavioral problems in 4- and 5-year old children with and without motor delays. *Frontiers in Pediatrics* 7: 474.

Shirama,A.,Stickley,A.,Kamio,Y.,Nakai, A.,Takahashi,H.,Saito,A.… & Sumiyoshi,T. (2021)． Emotional and behavioral problems in Japanese preschool children with motor coordination difficulties: the role of autistic traits. *European Child & Adolescent Psychiatry*, *31*, 979-990.

特別支援教育の在り方に関する特別委員会（2010）．特別支援教育の在り方に関する特別委員会（第 3 回）配付資料 資料 3 合理的配慮について Retrieved from https://www.mext.go.jp/b_menu/shingi/chukyo/chukyo3/044/attach/1297380.htm（2024年 3 月 12日）

4 DCD のある子に対する園・学校と福祉機関の連携を通した支援

(1) 園や学校と福祉機関の連携を実現するために

　支援を必要としている子どもたちが主に生活している保育所や幼稚園，認定こども園，学校等と福祉機関が連携をすることによって，より子どもたちの育ちを豊かにすることができると期待されています。その願いは家庭と教育と福祉の連携ということで，トライアングルプロジェクト（厚生労働省，https://www.mhlw.go.jp/stf/seisakunitsuite/bunya/0000191192.html）として描き出され，厚生労働省と文部科学省との間で理念が共有されました。こども家庭庁が発足してからは，3省庁でこの理念の重要性が再確認されています（こども家庭庁，https://www.cfa.go.jp/councils/kodomokazoku-shien/d17f6262/）。この理念を実際の現場で展開していくためには，創意工夫のある具体的な実践が求められていくと考えられます。

　具体的な連携の実践を進めるためには，園や学校と連携するための仕組みが必要であり，制度を活用することが近道になろうかと思われます。すでに福祉機関を利用している子どもに関してであれば，関係機関として連携する方法があります。もう一つは，実際の生活の場を福祉機関の職員が訪問して連携することができる保育所等訪問支援という制度の活用を挙げることができます。訪問先として保育所だけでなく，学校等も認められています。制度的にはとてもうまくいっている地域もあれば，今後課題を解消していく地域とがあるのが現状です。よい実践を蓄積し，制度を育てていく必要があるところです。さらには，巡回相談の仕組みを活用することもできます。巡回相談の仕組みは複数の制度・予算措置があり，地域により活用されている状況が異なりますので，ぜひ，皆さんの地域の制度を確認してみてください。

⑵　園や学校と福祉機関が連携してできること

　ここでは，特に園や学校を福祉機関の職員が訪問して連携することで，DCD のある子に対してどんな支援ができるかを確認します。

　DCD のある子への支援を考えるうえで，日々の生活の中における具体的な困りごとに焦点をあてて検討することが重要であることは，第4章❶でも紹介されています。家庭とは異なる多くの時間を過ごす生活の場，なおかつ子どもたちにとっては主要な社会参加の場である園や学校という場での具体的な困りごとに焦点をあてて考えていくことが重要です。訪問して連携ができるということは，この主要な社会参加の場である生活における支援を具体的に展開することができるということを意味します。

　生活場面で支援を行う際のポイントも，第4章❶で紹介されているとおりで変わることがありません。そのポイントを実践する場が家庭ではなく，園や学校に変わるだけです。

　個人─課題─環境の視点で支援することも強調されています。園や学校では，多様な課題が用意され，それぞれ特徴が異なります。似た課題であっても園や学校によっては，用いる道具が異なっていたり，求められる仕上がり具合が異なったりします。訪問することによって，それらを具体的に確認することができ，園や学校の先生方とは異なる専門性で理解できることが，訪問支援の1つ目の大きな成果となります。

　環境も，もちろん家庭とは大きく異なります。人的環境としては，多くのクラスメイトを含む子どもたち，子どもたちに大きな影響を与える保育士や先生方がいます。家庭とは人数も複雑さも刺激もまったく異なります。物理的環境としては，空間の広さや複雑さ，道具や素材の豊富さなども大きく異なります。課題と同様に，これらの環境の様子を直接見ることができ，把握することができ，園や学校の先生方とは異なる専門性で理解することができることが，2つ目の大きな成果と言えます。

　そのうえで具体的な工夫を検討することができます。実際の場面を見て，実際の困りごとを共有することができますので，その環境の中で実際に実現できる具体的な支援策を検討できる，そのことが3つ目の大きな成果と言えます。

机上の空論や一般論ではなく，個別化された，実現可能性の高い，現実的な工夫を検討することが可能になります。ここでも第4章**1**で紹介されている課題の工夫，環境の工夫，家族を巻き込むという観点は重要です。異なるのは，家族の巻き込み方と，参加が求められる重要他者として，当然のことながら園や学校の先生が加わることです。

(3) 支援の実例

　ではここで，保育所と小学校，それぞれの現場での支援の例を紹介したいと思います。

1）保育所での支援例

活用した制度：保育所等訪問支援

困りごと

　保育所の年中児童。運動会の練習に参加したくないとのことで，特にダンスについては，一緒に活動することを強く拒否していました。それでいて，家に帰ると，先生が用意してくれたダンスのDVDを繰り返し流し，テレビの前でDVDと一緒に踊っているとのことでした。ダンスが嫌いなわけではないようです。ただし，家でも，お母さんが部屋に入ることは拒み，部屋に1人きりになって，そこでダンスをしているとのことでした。年少の時も，保育所では一切練習をしなかったのに，本番当日は完璧に近い状態で踊ることができていたことを，お母さんから語られました。

解釈

　家で，自発的に行っているということは，不器用であってもダンスが嫌いなわけではないことがわかります。しかし，家でもお母さんにでさえ見せるのを拒むということは，やはり恥ずかしい気持ちがあるのかもしれません。用意されているダンスに興味をもち一緒に踊ろうとしても，不器用さが原因となって，うまく踊ることができない。そのできない自分をよくわかっていて，恥ずかしく感じているのかもしれません。確かにDCDのある子たちの中には，自分に自信がない子も多くいます。そして，前年度は練習をしなかったのに，当日に

は上手になっていたということは，家庭での自主練習が奏功していると考えることができますし，練習を強制されなかったことも本人の恥ずかしさからくる不安感を和らげることになったのかもしれません。

提案し，まとまった支援策

　まず，保育所には，安心して見学できる環境を整えることを提案しました。本番までの間，見学も練習の一部として位置づけました。練習しているみんなの外側に椅子を用意し，「見学席」を明確にしたことで，見学者として適切な行動がとれるよう促すことと，無理に参加を誘わないことの説明ともなりました。次に，保護者とも状況を共有して，本人の恥ずかしさや不安感を尊重すること，本人のペースで練習することを見守ること，保育士も保護者も，本人が当日の発表する姿を期待することを，共有しました。

結果

　話し合いによって整理された支援策は実行に移されました。本人は，椅子に座って見学できることを，とても喜んでいました。家でも，1人で自主練習に励むことができました。結果的に，保育所においてダンスを踊る事前練習は行わなかったものの，当日は完璧に近い演技を見せることができ，みんなで，本人の成長を喜ぶことができました。

2）小学校での支援例

活用した制度：保育所等訪問支援

困りごと

　母親から，家で宿題ができなくてとても困っていると相談がありました。小学校通常学級に入学して1カ月程度過ぎた頃です。ひらがなの練習が宿題として出されていて，学校で練習し，先生の添削が行われました。誤った字があったら，消しゴムで消して，書き直して提出するという宿題です。本人は「消しゴムで消すのが嫌だ！」と言って，宿題を行うことに抵抗を示していました。

解釈

　宿題そのものが嫌なのではなく，その中で求められる消しゴムで消すという行為に対する抵抗感であることがわかりました。しかし，なぜ消しゴムで消すことにそこまで抵抗があるのか。この子の場合には2つの理由がありました。

一つは，自分で一生懸命にやったものを消すという行為そのものへの抵抗感です。それは，「やったことが否定される」という印象を本人が受けとっていたのです。自分の努力や取り組みを否定される感覚です。もう一つが，不器用からくるもので，うまく消せない，消しきれない，ノートがグシャグシャになることが嫌だったのです。

提案し，まとまった支援策

担任の先生，保護者と支援者の３人で話し合った中で，消しゴムで消すことへの抵抗感について，その背景を含めて共有しました。そして，入学して間もないということを考慮し，宿題の中で消しゴムで消すことは一度留保し，毎日確実に宿題を実施し，宿題を提出するという習慣の形成を優先課題とすることを提案しました。先生も合意され，当面宿題を提出することを優先することになりました。２学期，３学期と進んでいった時には，徐々に本人が消すところも取り入れることも確認しました。

結果

支援策はすぐに実行に移されました。書き直しが必要な文字については，上記２つの理由に配慮し，消さずに正しい字を横に書いて提出すればよいこととしました。本人は抵抗をもつことなく，取り組むことができ，結果として宿題を提出することができました。２学期には，「母が消す」が加わりました。２つの抵抗感のうち，１つを対象としたものです。３学期になると，「本人が消す」が加わり，２つの抵抗感へのアプローチへと段階的に進めることもできました。１年生の終わり頃には，他の児童と同じように宿題を行い，提出できるようになりました。

(4) 保育所等訪問支援を活用して連携する際のコツ

最後に，園や学校と福祉の連携において，保育所等訪問支援を活用して連携する際のコツを確認しておきます。

この制度を用いなくても，併用機関として連携することはもちろん可能ですが，一定期間継続的に訪問することが可能になることで，経過や環境の背景をより広く知ることができます。対象としている子どもの経過だけでなく，その

クラスで起きていることや環境で変化したこと，なぜそのような変化が必要だったのかなど，生活のベースの背景を知ることができる分，併用機関連携より深い連携が可能になります。

　保育所等訪問支援を活用する際のコツとしては，訪問支援者がそのような環境の背景を把握しておくことがまずは挙げられます。子どもの置かれた生活環境で実現できるアイデアでなければ，絵に描いた餅になってしまうからです。

　子どもにできないことや課題となることがあった時に，「いかにできるようにするか」だけが対応の答えではありません。さまざまな対応の方向性が考えられます。ある対応をとると，本人と周囲にどんな影響が生じると考えられるのかを想定して，検討を進めることがコツになります。周囲への影響は，周囲にいる先生だけでなく，クラスメイトなどの人に対する影響はもちろんですが，時間的影響，物理的影響，空間的影響などを挙げることができます。

　このようなことを踏まえて，個別化された，実現可能性の高い，現実的な工夫を検討することが可能となるのが保育所等訪問支援の制度としてのメリットといえます。

（酒井 康年）

文献

こども家庭庁　障害や発達に課題のあるこどもや家族への支援に関する家庭・教育・福祉の連携についての合同連絡会議（第 1 回）Retrieved from https://www.cfa.go.jp/councils/kodomokazoku-shien/d17f6262/（2024年1月25日）

厚生労働省　家庭と教育と福祉の連携「トライアングル」プロジェクト～障害のある子と家族をもっと元気に～ Retrieved from https://www.mhlw.go.jp/stf/seisakunitsuite/bunya/0000191192.html（2024年1月25日）

5 DCD のある子への支援の具体例

(1) はじめに

　ここでは，発達性協調運動症（Developmental Coordination Disorder：DCD）のある子どもが困りを抱きやすい活動ごとに，その活動の遂行を改善したり，その活動に参加しやすくしたりするためのポイントと具体例をまとめています。

　これらの具体例をそのまま適用するのではなく，支援の対象となる子どもの特性や支援する環境，他職種との連携の状況などを考慮し，DCD のある子ども一人ひとりに適切な支援を行うことが重要です。

(2) 食事に対する支援

　DCD のある子どもの食事では，食べこぼしが多い，食器周りや服がよく汚れる，食具（スプーン，フォーク，箸）をうまく使えないなどの様子がみられることがあります。DCD のある子どもの食事に対する支援として，以下のようなポイントと具体例が挙げられます。

1）姿勢を保つ力を伸ばす

　DCD のある子どもの姿勢の崩れやすさが食事に影響していることがあります。活動中に全身の姿勢を保ち続けることは，食事に限らずほとんどの日常生活活動を行ううえでの基礎となります。食事動作は主に腕や手の動きであるため，子どもの手元に焦点が当てられやすいのですが，仮にいくら手元の動きが改善されても，姿勢の崩れやすさがあればうまく食事をとることはできません。子どもの姿勢を保つ力を伸ばすために，前庭覚や固有受容覚が豊富に含まれる遊びを通して姿勢に関する感覚処理を促したり，姿勢のコントロールが必要な遊びをしたりすることが有効な場合があります。

〈活動例〉

- トランポリンを跳びながら座位や立位を保つ
- バランスボールで座位を保ちながら，両手を使う遊びをする
- スイング（ブランコ）で揺れながら座位や立位を保つ
- 平均台，飛び石，クッションなどを使い，狭くて不安定な足場で姿勢を保ちながら移動する
- でこぼこ道，芝生の上，山道など不安定な足場のところで散歩する
- アスレチック遊具で遊びながら姿勢を保つ

2）効率的な食具の握りを促す

DCD のある子どもは，握りの発達が緩やかであることによって，スプーン，

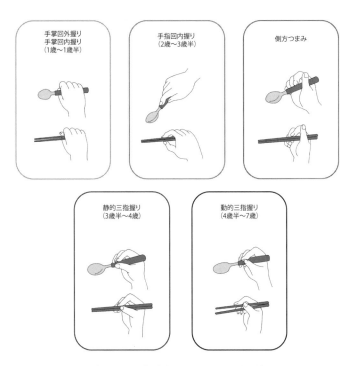

図4-5-1　握りの発達（鴨下，2018 より作成）

フォーク，箸などの食具をうまく使えていないことがあります。握りの発達は，手掌回内（回外）握り，手指回内握り，側方つまみ，静的三指握り，動的三指握りの順に進んでいきます（図4-5-1）。これらは1つずつ順を追って発達していくので，どの子どもにもいきなり三指握りで持たせようとするのではなく，対象となる子どもの握りの段階を把握し，順番に握りの発達を促していくことが重要です。

効率的な食具の握りとは，肩，肘，手首の関節を固定し，手指を分離させ，主に親指，人差し指，中指の動きで食具を操作できる握り方です。このような効率的な食具の握りを促すためには，指先の細かい動きや手指の分離運動を必要とする活動が有効です。

〈活動例〉

写真4-5-1　洗濯ばさみを使った遊び

- 洗濯ばさみを取り外しする遊び（写真4-5-1）
- コインを指で拾ったり，手の中のコインを1つずつ取り出したりする遊び
- つまようじを格子状に積み上げてタワーを作る遊び
- トランプなどのカード遊び
- 野菜や果物のへた取り
- 一本箸でおはじきや綿ボールをはじく遊び
- 薬指と小指で小さな消しゴムやティッシュを丸めたボールなどを挟んで物をつまむ遊びをする（写真4-5-2）

3）食具操作の習得を促す

実際に食具操作を練習することで，課題特異的にアプローチすることができます。

写真4-5-2　薬指と小指でティッシュを丸めたボールを挟んで分離を促す

　食具操作の習得を促すうえで重要なことは，スモールステップでアプローチすることです。スプーンやフォークの操作は，非利き手で食器を固定する動作，すくう動作，口へ運ぶ動作に分けることができ，箸操作であれば，非利き手で食器を固定する動作，利き手で箸の中間から上側を持つ動作，利き手で箸を開閉する動作，箸でつまんだものを口へ運ぶ動作に分けることができます。実際の食事場面の観察などを通して，対象となる子どもが苦手とする動作は何かを特定し，一つひとつの動作を習得できるようにアプローチしていくことが重要です。

　また，療育機関等での個別介入だけではなく，家庭や園，学校など実際の生活場面で子どもの発達段階や能力に適した食具操作の経験を積ませていくことも重要です。

4）食事しやすい活動の工夫

　食べ物の形態や食事の設定がDCDのある子どもの運動スキルに合っていないことがあります。例えば，箸をうまく操作できないのにもかかわらず，汁物やこぼれやすいおかずもすべて箸で食べさせようとしていることがあります。はじめは，白米やハンバーグ，ソーセージなど箸でつまんだり刺したりしやすいおかずで箸を使用させ，その他のおかずはスプーンやフォークの併用も認めることも支援の1つです。また，食事時間を厳密に設けると，DCDのある子どもにとっては時間という課題の要件によってさらに過剰な努力が必要になってしまいます。そのため，DCDのある子どもがいる場合，できる限り食事時間には余裕をもたせることが必要です。

5）食事しやすい環境調整

　DCDのある子どもにとって食事しやすい環境を整えることも必要不可欠です。DCDのある子どもの食事に対する環境調整には以下のような具体例が挙げられます。
  • 身体の大きさに合った高さの机と椅子を準備する
  • 机と椅子の高さ調節が難しい場合は，足台や机上に置く高さ調節用の台を利用する

- 椅子の座面に滑り止めマットを敷く，ロールタオルを膝下に敷くなどの工夫をする
- 椅子の背もたれにクッションや座布団を当て，背中を広く支えられるようにする
- 厚みがあり，長方形で平たい柄のスプーン，フォークを使う
- 子どもの手の大きさに適した長さの箸を使う
- すくいやすい器を使う
- 器の下に滑り止めマットを敷く

(3) 更衣に対する支援

　DCD のある子どもの更衣（着替え）では，服を脱いだり着たりするのに時間がかかる，ボタンやファスナー付きの服を自分で着られないなどの様子がみられることがあります。DCD のある子どもの更衣に対する支援として以下のようなポイントと具体例が挙げられます。

1）両手の協調性を高める

　更衣動作では，同時に両手で同じ動きをしたり，左右別々の動きをしたりする必要があります。DCD のある子どもでは，両手の協調運動が苦手であることによって，服を脱いだり着たりする際にぎこちない動きになってしまうことがあります。そのため，両手の協調性を高める活動をすることで更衣動作の改善につなげることができます。活動内容は更衣動作で必要な要素を含んでいることが重要であるため，両手を同時に使う活動や，左右別々の動きをするような活動がよいでしょう。

〈活動例〉
- 紐通し，紐結び
- ボタン通し
- ネジ回し
- 紙破りや，紙を丸めてボールを作る
- ブロックの積み上げ

- ペットボトルキャップの開け閉め
- 雑巾絞り
- 丸いゴム紐を，頭から足（もしくは反対）へ通す遊び

2）できる動作を少しずつ増やしていく

　実際の更衣動作を通じて，スムーズに着替えられるように促すアプローチも重要です。ただし，一連の更衣動作をただ繰り返しやらせてもうまくいきません。更衣動作をいくつかの工程に分解し，対象となる子どものできる動作と苦手な動作を整理し把握したうえで，できる動作を少しずつ増やしていくことが重要です。例えば，服を脱ぐ動作には，ボタンを外す，ファスナーを開ける，片腕を袖から順番に抜く，かぶりシャツやズボンの端をつまんで服の上げ下げをするなどの工程に分けることができます。服を着る動作では，服やズボンをつまむ，服やズボンの穴（空間）に頭や手足を通す，ボタンを掛ける，ファスナーを下から上に引き上げるなどの工程に分けることができます。対象となる子どもの苦手な動作では大人の援助を行い，少しずつ援助を減らしていくことが重要です（図4-5-2）。

3）着替えやすい活動の工夫

　着替えの時間が短いと，更衣という活動に時間の要件が加わり，DCDのあ

図4-5-2　苦手な動作の援助を少しずつ減らす

る子どもは本来の力を発揮しづらくなってしまいます。そのため，着替える時間を長めに設定することが重要です。また，集団の場合は，着替え始めのタイミングをいくつかに分け，更衣が苦手なDCDのある子どもには早めに着替えてもらえるようにするなどの工夫も重要です。

4）着替えやすい環境調整

　更衣動作が苦手であるにもかかわらず，硬めの生地の服を着せていたり，小さなボタンの付いた服を着せていたりすることがあります。着る服の素材や大きさ，種類などを子どもの運動スキルに合わせることで，子どもの十分な力を引き出すことができます。例えば，ボタンを大きなボタンに付け替える，ワンサイズ大きめの服を着るようにするなどの具体例が挙げられます。園や学校が，家庭と相談し，着る服の種類を調整できるとよいでしょう。

　また，食事動作と同様に，更衣動作も姿勢を保つ力が基礎になるため，姿勢を保ちやすい環境設定にすることで，さらに子どもの更衣動作の遂行を改善させることができます。例えば，着替えスペースに椅子を置いたり，壁や棚などがある場所で着替えるようにしたりすることで，姿勢が崩れそうになってもすぐに座ったり手をついたりして姿勢を保ちやすくなります。

⑷　書字に対する支援

　書字はDCDのある子どもが困難になりやすい活動の1つです。DCDのある子どもの書字では，頻繁に字が枠からはみ出る，書いた文字が読めない，筆圧が強過ぎて紙が破けるなどの様子がみられることがあります。DCDのある子どもの書字に対する支援には以下のような具体例が挙げられます。

1）効率的な鉛筆の握りを促す

　DCDのある子どもで書字が苦手な場合，握りの発達の遅れが要因になっていることがあります。鉛筆の握りは⑵ 2）で示した握りの発達と同様の段階で発達していきます。鉛筆の握りと食具の握りは密接に関連しているので，⑵ 2）で挙げたような具体例は，鉛筆の握りを促す際にも有効です。

　特に鉛筆の握りでは，親指と人差し指の間の水かき部分（ファーストウェブ）で鉛筆を支えることがポイントとなります。鉛筆をファーストウェブで支えられることで，手指筋力の負担が減り，日記や作文など長時間文字を書くことも可能になります。このような握りを促すために，子どもの後方から大人が子どもの手を包み込むように触れ，鉛筆を倒して子どものファーストウェブで支える持ち方を身体的にガイドする方法があります。言語理解の発達が進んだ段階では，「鉛筆を倒す」「鉛筆を寝かせる」など言語的ガイドで意識づけするとさらに習得を促しやすくなります。

2）安定した腕や手の動きを促す

　DCDのある子どもは，脇が開いた状態や，手首が手のひら側に曲がった状態，手の小指側が机から浮いた状態など不安定な腕や手の位置で書字をしていることがあります。このような不安定な身体の位置や使い方では，小さな文字になったり，長時間文字を書いたりすることが困難になります。書字では，肩，肘，手首の関節は体幹に近いところであまり動かさず，手首は手の甲側に軽く傾け，手の小指側を机に接地させることで，より小さな枠で文字を書けるようになり，書字の遂行が向上します（図4-5-3）。このような安定した腕や手の動きを促すためには，例えば，壁に貼られたホワイトボードや紙に文字を書く，机に傾斜台を置いて文字を書く（写真4-5-3），寝そべった状態でお絵かきや書字をするなどの方法があります。こうすることで，子どもは自然と手首を手の

親指と人差し指の間で支える

手の小指側を机に接地させる

手首を手の甲側へ軽く曲げる

図4-5-3　書字の安定した腕や手の動き

甲側に曲げ，手の小指側を面に接地させ
やすくなります。

写真4-5-3　傾斜台を利用し安定し
た書字動作を促す

3）適度な筆圧コントロールを促す

　DCD のある子どもの書字では，指先
に過剰に力が入り文字の形が崩れたり，
紙を破いたりしてしまうことがあります。
反対に，筆圧が弱過ぎて書いた文字が見
えづらいといった様子もみられることが
あります。筆圧が強くなる子どもの中に
は，丁寧に書くことへの過剰な意識や，失敗に対する抵抗感が強いなど心理面
の状態が筆圧として現れている子どももいます。そのため，まずは，間違えた
り失敗したりしても良いことを伝え，リラックスできる環境を整えることが必
要です。適度な筆圧をコントロールすることが苦手な DCD のある子どもには，
指先の力加減を意識しやすくするような活動や道具の工夫が有効です。

　〈活動や道具の工夫の例〉
- プラスチックや牛乳パック製のカエルを指で弾いて飛ばす遊び
- グラグラと揺れる積み木の積み上げ
- 硬めの粘土に埋められたおはじきやビー玉を取り出す遊び
- 習字用半紙を破らないように文字を書く
- 筆を使って力加減によって線の太さが変わることを体感する

4）活動内容の工夫

　書字が苦手な DCD のある子どもは，文字を書くことに他の子どもよりも努
力を要するため，文字を書くことに精一杯で学習内容の理解が遅れてしまうこ
とがあります。例えば，黒板の板書や宿題で文字を書くことばかりに意識が向
き，授業の内容や書いた内容を十分理解できていないことがあります。書字が
苦手であることが理由で学習内容の理解が遅れてしまっては本末転倒です。書
字が苦手な DCD のある子どもに対しては，書く量を減らす，書く時間に余裕
をもたせるなどの工夫をすることが学習内容を理解しやすくするために重要で

す。

　また，就学以降の試験等では，正解部分をそのまま書き抜いたり，答えとは
直接関係のない式を書かせたりするような記述式の解答方法があります。しか
し，DCDのある子どもでは，解答は正解しているのにもかかわらず，書いた
文字が汚いという理由で不正解扱いにされるようなケースも存在します。書字
が苦手な子どもでも学習の理解度を公平に判定するために，チェック式の解答
方法や，正解の部分に線を引いて解答するような方法を導入することが必要な
場合もあります。

5）書きやすい環境調整

　他の子どもとまったく同じ道具を使うことが，かえってDCDのある子ども
の書字の遂行を妨げる場合があります。一人ひとりに合った文字を書きやすく
する道具を積極的に利用することが重要です。例えば，鉛筆は太くて軸が多角
形の形状のものを使い，細かい凹凸加工が施されザラザラした下敷きを使用す
ることで，書字の遂行を改善させることができます。また，DCDのある子ど
もの中には，視知覚や視空間認知が弱く枠を正確に捉えることが苦手な子ど
もがいます。そのような場合には，枠を太くする，枠をマーカーで色付けする，
大きめの枠を準備するなどの一工夫があると枠を意識しやすくなります。最近
では，枠に凹凸加工が施され立体になっている教材も市販されており，DCD
のある子どもにも有効活用することができます。

⑸　学用品を用いる活動に対する支援

　DCDのある子どもたちの中には，ハサミや定規，コンパスなどの学用品の
操作が苦手な子どもがいます。ハサミで切っても切れ目がジグザグになってし
まう，定規できれいな線を引けない，コンパスできれいな円を描けないなどの
様子としてみられることがあります。このようなDCDのある子どもに対して
は，以下のような支援の具体例が挙げられます。

1）道具の使い方の理解を促す

　学用品は種類によって効率的な身体の使い方が異なります。そのため，DCD のある子どもは，それぞれの学用品で効率的な動作をイメージしたり，使い方を修正したりすることが困難になりやすくなります。そのため，まずはそれぞれの学用品を使う際に使い方を明確に伝える必要があります。DCD のある子どもはモデルの観察や模倣が得意ではないため，学用品の使い方を伝える際には，ただやって見せるだけでなく，「右手は～，左手は～」「右手の動きに注目して」など具体的な言語的ガイドも付け加えることが重要です。

2）両手の協調性を高める

　学用品をうまく使うためには，利き手と非利き手の使い分けが重要です。利き手の操作ばかりに目を向けるのではなく，非利き手が十分機能しているのかも見ておくことが大切です。非利き手の主な役割として，持ち替え，固定，支持があります。例えば，四角や丸，渦巻きなどが描かれた紙を非利き手で持ち替えながら切る練習や，厚紙の端からもう一方の端へ洗濯ばさみを付け替える練習，紙が動かないように非利き手で支えながら作業するなどが挙げられます。

3）使いやすい道具を利用する

　最近ではさまざまな学用品が市販されています。例えば，開く動作を補えるようなばね付きのハサミや，つまむ箇所が太いコンパス，滑り止めがついた定規など，DCD のある子どもに限らず多くの子どもにとって使いやすい学用品が存在します。DCD のある子どもに対しては，基本的に使いやすい道具を利用することが重要ですが，便利な道具を使うことに消極的な支援者もいるかもしれません。しかし，従来の道具に固執したり，全員同じ道具を使ったりすることが，かえって DCD のある子どもの失敗につながり，心理面の問題や参加の機会減少につながるリスクも考えられます。環境調整は，DCD のある子どもの活動への参加を保障し，できる動作を少しずつ増やしていく長期的な効果があることを理解し，使いやすい道具を積極的に利用することは重要といえます。

⑹　ボール遊びに対する支援

　ボール遊びは，DCD のある子どもが困難になりやすい遊びの 1 つです。
DCD のある子どものボール遊びでは，うまく標的を狙って投げることができ
ない，飛んでくるボールをタイミングよくキャッチできない，そもそもボール
遊びに参加したがらないといった様子がみられることがあります。ボール遊び
が苦手な DCD のある子どもに対しては以下のような支援のポイントと具体例
が挙げられます。

1）視空間認知を高める

　ボールをうまく的に当てられなかったり，キャッチのタイミングがずれたり
する場合，相手や物との距離感を正確に捉えること（視空間認知）が苦手であ
る可能性が考えられます。そのような場合には，子ども自身が距離感を意識で
きるように工夫しながらボールを投げたりキャッチしたりする練習をすると有
効な場合があります。例えば，いろいろな距離に置かれた的で的当てをしたり，
相手と向かい合って少しずつ距離を離しながらキャッチボールをしたりする活
動が挙げられます。特にキャッチが苦手でボールの動きにタイミングを合わせ
ることが苦手な場合には，いきなりボールを使うのではなく，まずは風船を使
うと飛んでくる物の動きがゆっくりになるため成功しやすくなります。

2）適度な力加減を促す

　ボールを投げるイメージはできていても力加減が難しい場合があります。そ
のような場合には，ボールを投げるときに力を意識できるような工夫が必要で
す。例えば，力のメーターを作って投げる直前に力加減を考えてもらったり，
風船やおもりなどいろいろな重さの物を持ったり投げたりする遊びを取り入れ
たりするなどの例が挙げられます。

3）狙って投げるスキルの習得を促す

　ボール遊びが苦手な場合，実際のボール遊びの様子を観察し，具体的にどの
動作が苦手なのかを分析することも重要です。分析の結果，特に標的を狙って

正確に投げる動作が苦手な場合には，狙って投げるスキルの習得を促します。まずは，標的を狙うことに意識を向けやすくするために，標的を色付けして強調する，標的の種類や配置を子ども自身に決めてもらうなどの工夫があります。投げる動作については，ボールを正確に投げるための投げ方を知らない，もしくはイメージしにくい場合があります。そのような場合には，投げ方のポイント（投げる手と反対の足を前に出す，投げる手は頭より後ろから動かすなど）を強調し明確に伝えたり，子ども自身と一緒に投げ方の戦略を立てながら考えたりする方法があります。

4) ボールキャッチのスキル習得を促す

　ボール遊びの中でも特にキャッチ動作が苦手な場合があります。そのような場合には，動く物に対して身体を反応させ，飛んでくる物を正確にキャッチする動作の獲得と改善を図ることが重要です。まずは，ワンバウンドでキャッチボール，風船でキャッチボール，近い距離から少しずつ距離を遠くしながらキャッチボールをするなど，キャッチしやすい遊びから練習すると有効です。

5) 参加しやすいボール遊びの工夫

　具体的なボール遊びには野球やドッジボールなどが挙げられます。ボール遊びが苦手な DCD のある子どもでもボール遊びに参加し楽しみやすくするため

図4-5-4　ボールのバウンドを認めたドッジボール

に，柔軟なルール変更が必要です。例えば，ドッジボールでは，ワンバウンドで当てても良いルールにする（図4-5-4），コートを小さくしてボールを当てやすくするなどのルール変更が考えられます。

【ドッジボールのルール変更の具体例】

①ボールのバウンドOK

　通常のドッジボールでは，ボールが地面にバウンドしないようにボールを投げなければいけません。このルールでは，ボールを投げることが苦手な子どもは楽しめないことがあります。そこで，まずはボールのバウンドを認め，相手はバウンドしたボールをキャッチできなかったら負けというルールで遊ぶことができます。

②中当て

　通常のドッジボールのように各チームに陣地を作るのではなく，円や四角形を1つ作り，内野と外野に分かれて遊びます。そうすることで，内野の子どもは「逃げる」動きに集中し，外野の子どもは「投げる」動きに集中することができます。

③十字当て

　中当ての円の中に外野の子どもが通ることのできる十字の道を作り，中当てと同じように遊びます。十字の道を作ることで，ボールを遠くまで投げることが苦手な子どもでも，外野から内野の子どもにボールを当てやすくなります。

⑺　縄跳びに対する支援

　DCD のある子どもは縄跳びが苦手なことも多く，縄をうまく回せない，よく縄に引っ掛かる，縄のタイミングとジャンプのタイミングが合わないなどの様子がみられることがあります。DCD のある子どもの縄跳びに対する支援には以下のようなポイントと具体例が挙げられます。

1）両足ジャンプを促す

　連続で縄を跳ぶためには両足でジャンプすることが必要です。しかし，DCD のある子どもの中には，そもそも両足ジャンプを苦手としている子ども

がいます。そのような場合にはスモールステップで両足ジャンプを練習していく必要があります。

【両足ジャンプのスモールステップの例】
①大人と手を繋いでその場で両足ジャンプ
②地面に置いてある縄を両足ジャンプ
③地面から数cmの高さの縄を両足ジャンプ
④両手で縄を持っている状態で縄を回さずに両足ジャンプ
⑤つま先立ちで両足ジャンプ（少しずつ連続で跳べるようにする）

2）できる動作を少しずつ増やしていく

　縄跳びは，「両手で縄を回す」「両足でジャンプする」「両手を挙げる」の３つの動作を一連の動きとして行います。これらの動作をタイミング良く行うことが苦手な場合，それぞれの動きのタイミングをつかみやすくするために，縄跳びの動きを「降ろす」「ジャンプ」「バンザイ」に分けて，３つの工程をゆっくりと行う練習をすると有効な場合があります。３つの工程を連続で行うことができたら，少しずつスピードを上げて行ってもらうようにします。

3）縄跳びに参加しやすい課題の工夫と環境調整

　集団で縄跳びをする場合，全員で同じ跳び方を練習していることがあります。しかし，全員で同じ課題（跳び方）を練習することは，DCDのある子どもにとっては，ただ失敗を繰り返し，周囲にその失敗を露にされ，心理面への悪影響にもつながりやすくなります。できない跳び方を繰り返し練習させてできるのを待つことは決してせず，できる跳び方で練習させることが原則です。
　また，使いやすい縄を準備することも重要です。ビニール製の縄は結んだ跡や癖が残りやすく跳びづらくなってしまいます。ビニール製であっても跡や癖がつきにくい縄を準備したり，ロープ製の縄を使用したりすることがおすすめです。また，柄の部分は長い方が縄を回しやすくなりますし，できる限り子どもが握りやすい太さの柄の縄を準備することも重要です。

⑻　おわりに

　DCD のある子どもが苦手とする活動はさまざまで一人ひとり異なります。DCD のある子どもへの支援内容を考えるときには，まずは子ども本人ができなくて困っている活動や，本人ができるようになりたいと思っている活動に焦点を当てることが重要です。そして，なぜその活動が困難になっているのかを，子どもの特性に限らず，活動（課題）や環境の特徴も含めてダイナミックに分析することが必要です。さらに支援内容は，DCD のある子どもが上手に遂行できることだけを目指すのではなく，運動が苦手でも参加できることを促すことも重要です。

　これまでも神経発達症のある子どもの運動の不器用さに対してさまざまな研究や実践が行われていましたが，最近では，日本でも DCD のある子どもを対象として研究や実践が行われるようになってきました。特に，厚生労働省令和 4 年度障害者総合福祉推進事業指定課題「協調運動の障害の早期の発見と適切な支援の普及のための調査」報告書（岩永他，2023）では，DCD のある子どもに対する支援の具体例について全国的な調査が行われさまざまな支援内容が紹介されています。これらのアイデアを参考にし，各支援者が目の前の子ども一人ひとりに適した支援を行い，日本でも DCD のある子どもへの支援の質がさらに高まることが期待されています。

（東恩納 拓也）

文献

岩永 竜一郎他（2023）．厚生労働省令和 4 年度障害者総合福祉推進事業指定課題「協調運動の障害の早期の発見と適切な支援の普及のための調査」報告書　令和 5 年 3 月　長崎大学生命医科学域　Retrieved from https://www.mhlw.go.jp/content/12200000/001113437.pdf（2024年 1 月25日）

鴨下 賢一（2018）．発達が気になる子へのスモールステップではじめる生活動作の教え方　中央法規

第5章

DCD への医療

1 DCD の診断と医療

(1) 診断するということ

　疾患を診断するということは，医療における大きな使命のうちの1つです。治療法がない疾患もありますが，診断がつかなければあるいは診断が違うと，適切な治療や支援をすることができにくくなります。医師が，どのような症状，特徴，検査結果を示すものを疾患として定義して診断し，同時に除外診断を行うのかはその疾患で悩む患者にとって重要なことです。診断された疾患には診断名がつけられますが，どのような疾患に対して，何という診断名がつけられているのかということを把握することは，医療の発展においても大切なことです。

(2) 「不器用な子ども」の診断名

　医療において「不器用な子ども」の診断名は変遷してきました。不器用な子どもに対する世界共通の診断名や診断基準には，DSM（精神疾患の診断・

統計マニュアル）とICD（国際疾病分類）の2種類があります。現在，DSMの最新版は，DSM-5-TR（DSM第5版改訂2022年：日本語版2023年）で，ICDの最新版は，ICD-11（ICD第11版2019年：日本語版準備中）です。本邦で普及しているDevelopmental coordination disorder：DCD（発達性協調運動症/発達性協調運動障害）の診断名は，DSM-III-R（DSM第3版：1987年）から登場しています。ICD-11では，DCDをDevelopmental motor coordination disorder（発達性協調運動症：日本語案）としています。前版のICD-10（ICD第10版1990年：日本語版1993年）では，Specific developmental disorder of motor function：SDDMF（運動機能の特異的発達障害）でした。

⑶　DCDの診断と診断基準

　DCDの診断は，知的障害や視力障害，神経疾患によるものでなく，発達の早期から不器用で運動が苦手なことにより日常生活に影響，支障を認める場合，病歴（発達的，医学的），身体検査，学校または職場からの報告，および心理測定的に妥当性があり文化的に適切な標準化された検査を用いてなされた個別的評価を臨床的に総合判断してなされます。診断基準の詳細はDSM-5-TR（染矢他，2023）を確認ください。また，ICD-11（著者日本語案）の診断基準（要件）を示します。参考のために，ICD-10精神および行動の障害-DCR研究用診断基準 新訂版におけるSDDMF（運動機能の特異的発達障害）の診断基準も示します。

ICD-11の診断要件（WHO，2018，筆者訳）
必須の特徴
・粗大運動能力あるいは微細運動能力の獲得の有意な遅れ，および運動能力の不器用さ，遅さ，または不正確さとして現れる協調運動能力の遂行における障害。
・協調運動能力は，年齢に基づいて予想されるよりも著しく低い。
・協調運動能力の障害の発症は発達期に起こり，通常は幼児期から明らかである。

・協調運動能力の障害は，日常生活動作，学業，職業および余暇活動，ま
たはその他の重要な生活領域において，重大かつ持続的な制限を引き起
こす。
・協調運動能力の障害は，神経系の疾患，筋骨格系または結合組織の疾患，
感覚障害，または知的発達障害によって十分に説明されない。

ICD-10診断基準（中根他，2008）
A．標準化された微細運動または粗大な協調運動の検査における評点が，
その小児の暦年齢を基にして期待される水準から，少なくとも2標準
偏差以下である。
B．基準Aの障害のために，学業成績あるいは日常生活の活動に明らかな
支障をきたしていること。
C．神経学的障害の所見はない。
D．主な除外基準：標準化された検査を個別に施行して，IQが70以下。

　このようにDSMとICDで診断名や診断基準は少し異なりますが，不器用
で運動が苦手なことにより日常生活に影響，支障をきたすことがDCDの症状
の中核であることは一致しています。協調運動を評価する国際的標準検査には，
Movement Assessment Battery for Children 第2版（M-ABC2：3〜16歳）
がありましたが，M-ABC第3版が発売されました。検査年齢は3〜25歳とな
っており，成人におけるDCDの診断にも有用となります。日本でも標準化さ
れ使用できることが望まれています。国内で標準化されている感覚処理・協調
運動の検査は，JPAN感覚処理・行為機能検査，日本版ミラー幼児発達スクリ
ーニング検査がありますが，協調運動の評価に特化しているわけではありませ
ん。よって，現在本邦におけるDCDの診断は，全例が標準化された協調運動
の評価検査をされて下されているわけではありません。

⑷　DCD の診断に必要な情報

　未熟児に DCD は多く，周産期情報（特に出生週数／体重）は大切です。遺伝要因も一部には想定されています。運動の里程標（milestone：マイルストーン）の到達が遅れることがあり，運動や知的発達など，健診での指摘の有無の確認は重要です。また，家庭や学校での日常生活活動における運動や動作に関して，日常活動がどのくらい妨げられているかの判断は，DCD の診断に必須です。5 〜 6 歳児の運動に関するチェックリストCheck List of obscure disAbilitieS in Preschoolers：CLASP（クラスプ）は，国立障害者リハビリテーションセンターホームページ（http://www.rehab.go.jp/application/files/4215/8408/8193/CL.pdf）から活用マニュアルが入手可能（ダウンロード無料）で，書籍（稲垣編集，2020）も出版されており，誰でも自由に使用することができます。その他，日本版も出されている Developmental Coordination Disorder Questionnaire 2007：DCD-Q は，世界的に最も広く使用されている日常生活における運動や動作がどれくらいできるのかについての質問紙ですが，使用するには版権者の承諾を得るなどの手続きが必要です。

⑸　診察

　疾患の有無の検討と協調運動の評価を並行して行います。小児期で協調運動の障害を認める疾患は多岐にわたり，中枢神経・筋・末梢神経・結合織・代謝・内分泌・染色体・免疫・感染・遺伝子疾患等があります。急性・亜急性・慢性の経過，発熱の有無，常同的な姿勢や運動・筋緊張の異常，反射の異常や原始反射の遷延化・ジスキネジー（不随意運動）・感覚障害の有無を確認することが基礎疾患の診断につながります。診察室へ入室の際の姿勢や歩行の様子，皮膚色素異常，顔貌，外表小奇形の有無，自発運動の量，構音，眼球運動，身長と体重，薬物治療等の有無，視覚や聴覚の問題，利き手も確認します。協調運動は，上記の検査の他，古典的な神経学的診察法では見いだせない神経学的逸脱である神経学的微細徴候（soft neurological signs：SNS）を評価し包括的に判断します（柏木，2022）。

⑹　判断のポイント

　DCD は 5 歳より前に診断されることは典型的ではありません。5 歳以前では，多くの運動技能の獲得に差があり，1 ～ 2 歳では運動発達が少し遅れがちでも 5 歳になるまでには追い付くこともあるからです。ただ，5 歳までに家庭や保育園，幼稚園などで DCD の兆しに気がつくことはできます。運動発達が遅れる，動こうとする意欲が見られない，スプーンなどの使い方がうまくない，ボール遊びに興味がないなども兆しの 1 つです。幼い子どもの運動発達・協調運動の評価は，里程標の到達の判断とどのようにできているかの「質」にも注目することがポイントで，粗大運動と微細運動にわけて判断すると把握しやすいです。運動発達の重要な月年齢は 4 か月，1 歳 6 か月，3 歳，5 歳です。特に，5 歳は，協調運動が向上している年齢であり一定の評価が可能となります。よって，5 歳児健診は，DCD 等の問題点が見えてくる時期に適正に発見するという「適正発見」という観点からも重要です（柏木，2022；小枝，2008）。小学校に入ると，体育が苦手でやりたがらない，授業中の姿勢の保持が困難ということもよく観察されます。さらに，微細運動は学校生活の 30 ～ 60% に必要とされており，板書が遅い，縦笛が苦手，コンパスが苦手など勉学面にも影響が大きく出てくることがあります。5 ～ 11 歳の児童における有病率は，米国で 5 ～ 8% です。男女比は 2：1-7：1 であり，50 ～ 70% の児童で協調運動の問題が青年期になっても続いていると推定されています（染矢他，2023）。

⑺　除外診断

　除外診断は医療において一番重要です。運動の苦手さや不器用さの原因が疾患（病気）によるものではないということを明確に見極める必要があります。協調運動の問題は，視機能障害や特定の神経疾患に関連する場合があります。極軽度の脳性麻痺と DCD との差異の見極めは時に難しいです。また，知的発達症（知的能力障害）では，その重症度に対応して運動能力が損なわれていることがあります。注意散漫や衝動性に原因がある場合や球技等の複雑な協調運動が必要な課題に参加することに興味がない場合，課題の成績に影響が出ます

が運動能力そのものを反映しているわけではないことがあります。注意欠如・多動症（attention-deficit/hyperactivity disorder：ADHD）や自閉症スペクトラムによって運動能力が影響を受けているのか，それらが DCD と併存しているのかを見極める必要があります。また，関節が過度に伸展する関節過剰運動症候群（しばしば疼痛の訴えがあり診察で発見されます）でも DCD と似た症状を示すことがあります（染矢他, 2023）。

⑻　薬剤治療

　DCD に対して保険適応となっている薬剤は現在ありませんが，ADHD に対する薬剤治療により，書字等が整うことは臨床現場でしばしば経験されます。15件をまとめた ADHD を対象にした研究においても，ADHD に対するメチルフェニデートの薬剤治療により 28-67% で協調運動が向上したとの報告があります（Kaiser et al., 2015）。推定される理由として，薬剤治療により，注意力が向上したことによって協調運動が向上したという説と，注意力と協調運動が独立して向上したという説が挙げられており，今後の検討課題です。また，ADHD に対する薬剤の種類によって，脳における分布が異なるドパミン神経系とノルアドレナリン神経系に対する作用機序が異なりますので，協調運動の向上の仕方も異なることが予想され，今後明らかになっていくと考えています。なお，DCD の協調運動への薬剤効果については，本章の**2**にも説明されていますのでそちらもご参照ください。

（柏木　充）

文献

稲垣 真澄（編集）（2020）．吃音?チック?読み書き障害?不器用? の子どもたちへ 保育所・幼稚園・巡回相談で役立つ "気づきと手立て" のヒント集（p.64）　診断と治療社

Kaiser, M.L., Schoemaker, M.M., Albaret, J.M., Geuze, R.H. (2015). What is the evidence of impaired motor skills and motor control among children with attention deficit hyperactivity disorder (ADHD)? Systematic review of the literature. *Research In Developmental Disabilities*, 36C, 338-357.

柏木 充（2022）．第2章　D協調運動の診察．若宮 英司（編集）玉井 浩（監修）子ど
　　もの学びと向き合う　医療スタッフのための LD 診療・支援入門　改訂第 2 版
　　(pp.45-50)　診断と治療社

小枝 達也（2008）．第 2 章　5 歳児健診における診察法　小枝 達也（編集）5 歳児
　　健診　発達障害の診察・指導エッセンス (pp.5-11)　診断と治療社

中根 允文・岡崎 祐士・藤原 妙子・中根 秀之・針間 博彦（訳）（2008）．F82 運動機
　　能の特異的発達障害 Specific developmental disorder of motor function. ICD-10 精神
　　および行動の障害 新訂版 DCR 研究用診断基準（p.157）　医学書院

染矢 俊幸・神庭 重信・尾崎 紀夫・三村 將・村井 俊哉・中尾 智博（2023）．発達性
　　協調運動症/発達性協調運動障害．高橋 三郎・大野 裕（監訳）．DSM-5-TR 精神疾
　　患の診断・統計マニュアル（pp.84-87）　医学書院

WHO（2018）. 6A04 Developmental motor coordination disorder Retrieved from https://icd.
　　who.int/browse11/l-m/en#/http%3a%2f%2fid.who.int%2ficd%2fentity%2f148247104
　　（2024年1月25日）

2　DCD児に対する医療と保育・教育の連携

(1)　医療と保育・学校現場の異なる視点

　医療と保育・学校現場は，子どもを中心として連携していくチームですが，しばしばお互いが一方的な要求になってしまうなど，ミスコミュニケーションが起こってしまいます。なぜでしょうか。それは，医療が患者さん「個人」に着目することができ，時間にとらわれることなく，安心と安全をベースとして本人自身を主語にして成長を見守ることが行いやすいという一方で，保育・学校の現場ではどうしても「集団」や「組織」といった周囲との対比の中で個人をみなければならず，年間のカリキュラムやスケジュールなどの時間を意識させられる，という視点の違いがあります。同じ子どもを見ていても，この視点の違いを理解し，双方がもつ強みを認識しながら補い合うようなコミュニケーションを図ることが重要です。

　医療では，子どもの心と体の健康にまつわる，包括的なアセスメントと治療計画を行います。問診や診察，神経学的検査から，器質的疾患の除外を行います。運動の苦手さや不器用さが，感染症やケガや神経疾患などの後天的な病気であるかの検索を行います。ここまでは医療である程度完結することができます。同時に，いま「主訴」として現れている目の前の子どもの困りごとや行動が，生来の気質，DCD を含めた発達特性，知的機能，養育環境や地域社会環境などの要因の影響をどのように受けているかの情報収集をして，アセスメント（総合的な診断や見立て）を行います。この過程で，医師に診察室で見えることは限られるため，保育や学校現場からの情報が重要な意味をもちます。子どもの日常生活でのふるまいについての情報は主たる養育者から得ることになりますが，集団や組織での社会生活についての情報は養育者からは得られにくく，現場からの情報が重要な手がかりになります。

⑵ 幼少期・学齢期に医療を必要とするケースとは

　DCD を有する子どもたちは，どのような場合に医療につながる必要があるでしょうか。DCD が疑われる場合の診断についてはこれまでの他の先生が述べられていますが，ここでは併存症について触れます。DCD はしばしば他の発達障害と併存することがあります。代表的な併存例として，DAMP（Deficits in Attention, Motor control and Perception）症候群と呼ばれるものがあり，DCD に ADHD の注意，運動制御，知覚の障害を併存した場合をさします。また，ESSENCE（Early Symptomatic Syndromes Eliciting Neurodevelopmental Clinical Examinations）という概念があり，これは特定の医学病名にこだわらず，早期に現れる神経発達に関連した症状群を指します（この中には DCD を含めて ASD や ADHD，学習障害などが含まれ，これらの症状が複数同時に現れることが特徴です）。

　これらを併存してもつ子どもたちは，特に医療の支援を必要とすることがありますが，どのような場合に連携が必要と考えるべきでしょうか。まず，広くは，子どもの権利の視点から，本人の休息・遊び・文化的活動への権利や，教育への権利が保障されているかを考えることが大切です。一見して，本人が困っていないように見えたり，周りへの悪い影響はなくても，主体的に参加することを諦めてしまっている場合があるため注意が必要です。具体的な行動でみると，子どもが集団活動に参加するのが困難であったり，ルールを理解するのが難しい，運動能力の問題から日常生活の基本的な動作（着替えや食事など）に困難を感じている場合などがあります。また，学習において書字や計算が著しく遅れていて困難がみられる，または，一貫した注意力を維持するのが難しいなどの症状が見られる場合も，医療の専門家に相談することが推奨されます。医療との連携を図るためには，まず保育者や教師が子どもの症状を具体的に観察し，その情報を医療の専門家に伝えることが必要です。

⑶　保育園，学校などは医療とどのように関わるか

　ここで重要になってくるのが，「測定可能な」情報の質と量です。子どもが
困っていること，問題となっている具体的な行動は何か，その時の周囲の状況，
それが起こる頻度，それを解消するために周囲はどれくらいの配慮や努力を必
要としているのか，参加できている活動と参加できない活動は何か，それらの
時間的変化など，極力主観や解釈を取り除いた情報を共有いただくことが，医
療が子どものアセスメントをするのに役に立ちます。さらに，困りごとだけで
なく，集団や組織の中での子どもの強みについての情報があることで，支援の
糸口がみつかることがあります。表5-2-1 のような項目をなるべく具体的に記
入し，医療機関を受診する養育者に渡していただくとよいでしょう。

　また，医療でアセスメントを行ったあとも，治療方針に対して，その介入と
効果の評価を，現場でモニタリングできるとよいでしょう。もちろん医師主導
で行わなければならないことですが，運動関連の質問紙（p. 36・38），または
上記のような観察すべきポイントの一覧を作成し，その変化について，環境の
変化などの情報を添えて，定期的なやりとりができることが望ましいでしょう。
双方の時間が限られている中では，養育者を介して書面でやりとりすることが
多いですが，オンライン会議ツールの普及にともない，会議形式で連携する例
も増えています。双方が，持っている情報を出し合い，共通のゴールに向かっ
て子どものためにできること，できないことを整理し，チームで繰り返し修正
をしていく作業が重要です。

⑷　DCD への薬物治療の効果

　DCD に対して有効な治療薬はあるでしょうか。残念ながら，現在までの
DCD の運動機能改善の科学的エビデンスは乏しいといえます。エビデンスが
乏しい中，現実的には，DCD の薬物治療を検討する際，大きく分けて 2 つの
アプローチがあるでしょう。一つは，二次障害として，うつ病や不安症，不眠
症，強迫症などを生じた際の使い方です。運動の不器用さから，社会参加が疎
外されることによって上記疾患を二次的に発症した子どもにおいて，二次障害

表5-2-1　医療機関に情報提供する際のシートの例

保育園名・学校名		立場・役割　／　名前	
お子さんの心配なところ（具体的な行動や反応に落とし込んで記載）			
お子さんの教育，休息・遊び・文化的活動への影響について			
お子さんには，いまのところどのような配慮ができているか（必要としているか）			
お子さんの強みとなっているところ，問題なくできているところ			
その他，相談・要望			

困りごとの相談	行動の形・出方	頻度・回数		要因	対応	対応後の様子
	具体的な行動を記載		回			
		前回からの増減				
			回			
		前回からの増減				
			回			
		前回からの増減				

を解消するための薬物療法は有用である可能性があります。もう一つは，併存する他の神経発達症（自閉スペクトラム症，ADHDなど）へのアプローチです。例えば自閉スペクトラム症が併存するDCDでは，かんしゃく，攻撃性，自傷行為，またはこれらの複合行為の行動障害（易刺激性）が薬物治療で改善することで，本書で紹介されているような支援のアプローチによる効果の増大が望めるかもしれません。本稿では，特にDCD児のうち30〜50％と言われるADHDが併存するDCD児（以下ADHD＋DCD）への薬物治療についてクローズアップし，ADHD＋DCDの運動機能への効果，あるいはADHDに対する薬物治療の運動機能への効果を示した報告を紹介していきます。

　ADHD児において，methylphenidate（MPH）を代表とする中枢神経刺激薬が治療薬として国内外のガイドラインで推奨されています（ADHDの治療には中枢神経刺激薬以外の治療薬もありますが，ここでは運動発達に関する研究報告が多い中枢神経刺激薬に限定します）。これらの薬剤はADHDの不注意や多動，衝動性，いずれの症状も改善することが示されていますが，運動機能への短期的な効果として，薬物摂取の数時間後に評価した場合，運動処理（Stray, Stray, Iversen,Ruud, & Ellertsen, 2009），タスク中の姿勢の安定性（Jacobi-Polishook, Shorer, & Melzer, 2009），歩行速度（Leitner et al., 2007）を改善させることがランダム化比較試験で報告されています。

　ADHD＋DCD30名（5〜12歳）を対象としたクロスオーバーランダム化比較試験では，MPHの服用でMABC-2でみた運動機能と注意持続テストのスコアが有意に改善したことが報告されています（Bart et al., 2013）。また，ADHD＋DCD23名（7〜10歳）を対象としたランダム化比較試験では，4週間のMPHが投与され，ADHDの症状や運動機能の改善に加えて，QOLの有意な改善が得られたと報告しています（Flapper & Shoemaker, 2008）。この報告では，QOLの改善は，①ADHD症状の改善により社会参加が促されたこと，②自覚的な身体機能が改善し，運動や遊びなどの運動に関する項目，セルフケアやスポーツ活動の自立性が向上した可能性があると考察されています。これらの薬物療法が，運動機能を改善させるメカニズムは，不注意の改善と，運動のプランニングの改善に影響を及ぼしていることが考えられています。

　一方で，ポジティブではない結果も散見されます。SoleimaniらのADHD＋

DCD児16名（平均年齢7歳6ヶ月）を対象とした1週間のMPHのクロスオーバーランダム化比較試験によると，26.6％の児の運動機能が改善したものの，プラセボとの間に有意差がなかったとしています（Soleimani et al., 2017）。また，ADHD児に対する3ヶ月間の中枢神経刺激薬の投与により，書字の読みやすさや速度が全体としては改善したが，もともと書字に困難があった児においては効果がなかったという報告（Brossard-Racine et al., 2015）もあります。ADHD＋DCDであっても，中枢神経刺激薬を考える際は，その副作用にも注意が必要でしょう。食欲低下，吐き気，不眠などが，運動意欲の低下，社会参加の低下につながる可能性も考慮が必要です。

　まとめると，そもそもDCDそのものに対する薬物治療の運動機能への効果を検証したランダム化比較試験の報告が乏しく，現在までの薬物治療のエビデンスはADHD児やDCD＋ADHD児の集団を対象とした中枢神経刺激薬に限定されることに注意が必要です。しかしながら，薬物治療は，ADHDの注意力やプランニングに作用することで，部分的に運動機能やQOLを改善させる可能性が示唆されています。そのため，DCDの治療においては，現時点では薬物治療以外の介入を優先し，二次障害に対する使用を基本とすること，また背景にあるADHDの併存についての十分なアセスメントと包括的な治療計画を組み立てたうえ，あくまでも不注意症状や運動のプランニングをターゲットとして補助的に使用すること，そして医師による治療の効果と副作用の継続的なモニタリングが行われることが重要と思われます。今後は，国内においても薬物治療の効果を検証する試験の実施が望まれます。

（黒川 駿哉）

文献

Bart, O., Daniel, L., Dan, O. & Bar-Haim, Y. (2013). Influence of methylphenidate on motor performance and attention in children with developmental coordination disorder and attention deficit hyperactive disorder. *Research in Developmental Disabilities*, *34*, 1922-7.

Brossard-Racine, M., Shevell, M., Snider, L., Bélanger, S. A., Julien, M. & Majnemer, A. (2015). Persistent Handwriting Difficulties in Children With ADHD After Treatment With

Stimulant Medication. *Journal of Attention Disorders, 19*, 620-9.

Flapper, B. C. & Schoemaker, M. M. 2008. Effects of methylphenidate on quality of life in children with both developmental coordination disorder and ADHD. *Developmental Medicine and Child Neurology, 50*, 294-9.

Gillberg, C. 2010. The ESSENCE in child psychiatry: Early Symptomatic Syndromes Eliciting Neurodevelopmental Clinical Examinations. *Research in Developmental Disabilities, 31*, 1543-51.

Jacobi-Polishook, T., Shorer, Z. & Melzer, I. 2009. The effect of methylphenidate on postural stability under single and dual task conditions in children with attention deficit hyperactivity disorder - a double blind randomized control trial. *Journal of the Neurological Sciences, 280*, 15-21.

Leitner, Y., Barak, R., Giladi, N., Peretz, C., Eshel, R., Gruendlinger, L. & Hausdoref, J. M. 2007. Gait in attention deficit hyperactivity disorder : effects of methylphenidate and dual tasking. *Journal of Neurology, 254*, 1330-8.

中井昭夫（2017）．ADHD と発達性協調運動症（DCD）——DAMP症候群の再考と再興——　精神医学, *59*, 247-252.

Soleimani, R., Kousha, M., Zarrabi, H., Tavafzadeh-haghi, S. M. & Jalali, M. M. 2017. The Impact of Methylphenidate on Motor Performance in Children with both Attention Deficit Hyperactivity Disorder and Developmental Coordination Disorder: A Randomized Double-Blind Crossover Clinical Trial. *Iranian Journal of Medical Sciences, 42*, 354-361.

Stray, L. L., Stray, T., Iversen, S., Ruud, A. & Ellertsen, B. 2009. Methylphenidate improves motor functions in children diagnosed with Hyperkinetic Disorder. *Behavioral and Brain Functions, 5*, 21.

③ 思春期以降の DCD への対応

(1) はじめに

　発達性協調運動症（developmental coordination disorder: DCD）は，不器用さと運動の遅さ，不正確さを特徴とする発達障害（神経発達症）の一つです。DCD は，幼児期から児童期に明らかになることが多いと思われますが，思春期（青年期）以降にもその困難は続き，併存症や二次的な問題が生じる場合があると考えられています。

　本稿では，思春期以降の DCD の症状とその理解，対応について，説明したいと思います。

(2) 思春期以降の DCD の症状と続発症（二次障害）について

　DCD は時間の経過とともに症状が改善する子どももいますが，経過は通常慢性的であり，米国精神医学会の診断マニュアル（DSM-5-TR）や世界保健機関の診断分類（ICD-11）では，「50〜70％の子どもが協調運動の問題が青年期，成人期になっても続いている」と記載されています。

　表5-3-1 に，DCD の発達段階による症状の現れ方を示します。すべての発達段階において，いったん何らかの協調運動のスキルを獲得したとしても，動作は通常の発達段階にある同年代の児・者よりもぎこちなく，正確さが劣る傾向があります。

　また ICD-11 では，以下のように記述されています。「DCD の症状は通常，成人期になっても持続する。DCD のある年長の子どもや成人は，チームスポーツ（特に球技），自転車の運転，手書きで書くこと，模型やその他の物の組み立て，地図の描画など，細かい運動能力や粗大運動能力を必要とするさまざまな活動で速度が遅くなったり，不正確になったりすることがある。」，「青年期までに，車の運転，道具の使用，メモの取り方などの新しいスキルを習得し

表5-3-1　ICD-11 における DCD の発達段階による症状の現れ方
　　　　（WHO，2018，筆者訳）

就学前	小児期中期	青年期および成人期
就学前の子どもでは，1つ以上の運動のマイルストーン（例：座る，はいはいする，歩く）の達成，または特定のスキルの発達（例：階段を上る，服のボタンをかける，靴の紐を結ぶ）の遅れが明らかな場合がある。	小児期中期では，字を書く，ボールで遊ぶ，パズルや模型を作るなどの活動に症状が現れることがある。	青年期以降では，乗物の運転，道具の使用，メモの取り方など，新しいスキルを習得しようとする際に協調運動の困難が認められることがある。

ようとするときに，協調運動の困難さが認められる場合がある。」，「DCD のある子どもは，秩序破壊的な行動の問題，不安，うつ状態を併発するリスクが高くなる可能性がある。また，自己効力感と身体的および社会的能力が低いことや，定型発達の同級生と比較して，過体重または肥満になるリスクが高くなることも報告されている。」（World Health Organization，2022，以上，筆者訳）。

　以上のように DCD のある人は思春期以降も，広範囲の運動制御の困難が持続することが多いだけではなく，精神的健康の問題（例：低い自己肯定感と自己効力感，うつ病，不安症，トラウマ関連障害，秩序破壊的な行動など）や身体的健康の問題（例：肥満および代謝性疾患，心血管疾患，その他の身体的健康の質の低下など）が生じやすいことが明らかとなっています。

(3)　当事者の記述から

　ここで，当事者の方々が書かれた著書から，DCD に関連があると思われる箇所をいくつかご紹介します。

　まず，Lobin H. さんの『無限振子――精神科医となった自閉症者の声無き叫び』（2011）では，「学校では特に大嫌いな体育の授業の前に全身に蕁麻疹が

できたこともありました（中1）」，「"彼" はもう同じことを繰り返したくないと思い，これまでの自分がどこが悪かったのか，冷静に分析しました。そして単純に，運動ができなかったからだ，と結論しました（中3）」，「体育の授業で団体競技はだめだ，と思いこまされてきたので（実際はどうかわかりません。周りの人が過度の過度の非難やプレッシャーを浴びせない環境だったら，できるような気もします）……以下略（高校）」のように記述されています。

このように Lobin さんは ASD 当事者ですが，自分の社会的適応の困難さについて，運動ができないことが原因と考えていた時期があったそうです。それだけ運動の問題が他児との関係性に大きく影響していたものと考えられます。

次に山田隆一さんの『僕は発達凸凹の大学生——「発達障害」を越えて』(2019) では，「小中高は，体育の授業との闘いの歴史。協調性がないうえに，スポーツが極端に苦手。体育の授業が楽しいと思ったことは一度もない。」，「小学校のかくれんぼ，鬼ごっこも楽しめない」，「マラソン大会では毎回最後尾有力候補」，「長縄大会，強歩大会では周りに迷惑をかける自分を責めてしまう。足を引っ張って，申し訳ない気持ちでいっぱい」，「体育祭・組体操では，一番下の段を担当することを強いられるが，体力的に耐えられず。そのことが負担となり，徐々に学校に出られなくなる。そのようにして練習を休むと，まわりから，迷惑をかけるな！と怒鳴られる。」のように記述されています。

山田さんは ASD だけではなく DCD も診断されていますが，以上のように，体育の授業や体育祭が，生涯残るトラウマ体験として記述されています。

(4)　DCD の二次障害の形成の過程

それでは，このような二次的な問題はどのようにして形成されていくのでしょうか。

DCD のある子は，比較的早期から，同世代の子と比べて不器用さや運動の遅さ・不正確さがみられる場合があります。他の子ができることが自分はできない，という自覚は，早くは幼稚園・保育園の段階で出てきます。他の子と比べて，箸やスプーンを使うのがうまくいかなかったり，服の着替え，靴を履くことなどが遅かったり，お遊戯などで不器用さが目立ったりする場合がありま

す。またこのような子は，その他の神経発達症の併存のため，注意欠如・多動症（ADHD）の不注意症状や自閉スペクトラム症（ASD）の感覚の過敏や鈍さが認められる場合も多く，それらがさらに日常生活の困難さを助長することも多いようです。

　このような場合，養育者（主に母親）は不安になり，過度に急かしたり叱ったりすることがあります。本来子どもは，養育者の近くに行って，見つめあい，ふれあい，笑いあうことで，世の中や他者，自分，未来に対する基本的信頼感が育ってくるはずですが，養育者が上記のような状態であると，安心・安全の感覚が損なわれて，愛着形成の問題が生じる場合があります。

　小学校以降では，体育の授業や運動会で，鉄棒，マット運動，ボール運動，徒競走など，他の子どもよりも動作が遅く，不正確になってしまうため，さまざまな失敗体験を繰り返してしまいます。さらにそれを友達から笑われたり，馬鹿にされたり，真似をされたりすることが，傷つき体験となることもあります。

　教師からの評価として，体育，図工，音楽（楽器演奏），技術・家庭科などで，やる気がない，さぼっている，真剣に取り組んでいない，というように判断され，厳しく叱責される場合があります。また日常の場所移動，着替え，給食などにも他児より時間がかかり，不真面目だと評価される場合があります。

　運動会での全体行動やクラスリレー，音楽会での集団での楽器演奏などの時には，同級生やときに教師から「足を引っ張っている」，「負けたのは○○のせい」というように，うまくいかなかった結果の責任を追及されたりすることもあります。

　成人期になると，自動車の運転や職場での道具（文具，工具，その他職業に特化した特殊な道具）の使用，家庭での家事（炊事・洗濯・掃除など），電子機器や日用品，模型などを組み立てること，硬貨や紙幣を数えたり，書類をめくったりすること，髭剃りや化粧などの身だしなみを整えること，手書きで図を描いたり文字や記号を書いたりすることなど，さまざまなことがうまくできず，知的能力からすると著しく低い評価がなされる場合があります。

　何度も失敗体験を繰り返すと，トラウマ関連の症状が起こってくる場合があります。侵入症状として，運動会などの以前の失敗体験に関連した悪夢を見た

り，フラッシュバックが起こったりすることがあります。回避症状として，体育などの授業に理由をつけて出なくなり，不登校になるケースもあります。認知の陰性変化として，失敗体験による恐怖，恥，悲しみ，混乱，罪悪感などの陰性感情や自己に対する否定的信念が日常的に続くことがあります。過覚醒症状としては，常にイライラして集中できず，眠れなくなる場合があります。解離症状としては，頭が真っ白になる，現実感がなくなる，からだにストップがかかる，等の状態がみられます。

　また上記のような心理的な負荷がかかると，緊張や不安による集中困難によって，ますます不器用さが増してしまいます。そして，だんだんと本当にやる気がなくなっていきます。うまくいかなかったときに，笑ってごまかすようになり，物事に真剣に取り組まなくなる場合があります。また学校への適応状況が悪くなり，不登校になったり，チャレンジング行動が目立ったりすることもあります。うつ病や不安症，ストレス関連障害などの精神疾患の発症がみられる場合もあります。

　DCD がある子でも，ネットやゲームの世界では不器用さが目立たない場合があり，実生活では得られない自己効力感や他児との連帯感が得られるため，

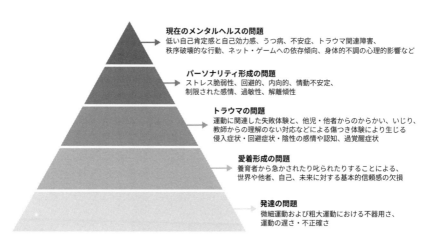

図5-3-1　DCD　こころの発達　五重の塔モデル（今村他，2021）

そちらの世界へ依存的な状態となることも多くなります。また身体的活動の低下やスポーツへの不参加のため，肥満や体力低下，その他の健康上の問題がみられる場合があります。

　筆者たちはこのような過程を「こころの発達　五重の塔モデル」として（図5-3-1），縦断的に理解することをおすすめしています。幼少時から順に，発達の問題，愛着形成の問題，トラウマの問題，パーソナリティ形成の問題，現在のメンタルヘルスの問題と5層で評価し，現在の精神状態の背景にある因子を上記のように評価していきます。

(5)　思春期以降の DCD への対応

　これらの状況に対してどのように対応するかを考えてみます。

1）周囲の理解を進める

　DCDがある児・者への対応は，予防的観点からできるだけ早い時期から行うことが重要と思われます。

　まずはこれらの人々が幼少時から抱えている日々の不安，クラスで自分だけができないことがあるという恐怖，できないことをできるように求められることの恐怖，理解されないことの苦しさ・怒り，自己肯定感・自己効力感の低下等を理解し，それを家庭や学校・地域・職場などと共有していくことが大切です。

　またDCDの多くの人がトラウマ体験があるため，トラウマインフォームドケア（すべての人がトラウマをもっている可能性を考えながら対応していくためのケアの方法）の考え方が重要となります（野坂，2019）。トラウマインフォームドケアでは，問題となる行動がみられた場合，非行ではなく，トラウマの影響があった可能性を考えます。例えば不登校や体育の授業への不参加があった際に，さぼりやなまけと考えるのではなく，トラウマ関連症状（回避症状）が起こったのかもしれないという可能性を考えます。

　周囲の理解が得られた中で，環境調整を行い，学校や地域・職場が安心・安全な感覚で過ごせる場となることが必要となります。また上記のような併存症

が疑われる場合には，専門医への相談が必要なケースもあります。

2）具体的な対応

　DCD のある人は，スポーツなど優劣のつきやすい活動に対しては回避的な行動をとりがちですが，体を動かすこと自体は嫌いではない人も少なくないように思います。まずは自由に楽しく体を動かすことを促していくことが望ましいと思われます。公園で走り回ったり，フィールドアスレチックで楽しみながら活動を行ったりすることで，自己肯定感，自己効力感が少しずつ回復する場合があります。

　また何でも器用にこなせるわけではないけれど，一部の運動で平均的にできることがあると，自信につながります。そのために幼少時より，反復練習により向上する可能性のある，自分のペースでできる運動（ダンス，水泳，スキー，スケートなど）に関して，段階的にスキルを積み上げていくことが有効である場合があります。

　また成人期では，職場で手書きが苦手な人がコンピュータ上でワープロや描画ソフトを使用することで，パフォーマンスを発揮できるようになる場合があります。その他さまざまな IT 機器で困難さが補われる場合があります。
またジムなどに通って，その人に合ったメニューで運動プログラムを立ててもらい，自分が批判にさらされずに安心して運動ができる機会を作っていくことも大切です。過去に失敗体験が積み重なっていても，「今現在は安心・安全だ」という感覚が育ってくると，少しずつ侵入症状や過覚醒症状が薄れていく場合があります。

(6)　おわりに

　DCD の思春期以降の症状や二次障害について概説しました。DCD 児・者は，もともと体を動かすことは好きなのに，体育の授業や全体行動で失敗体験・トラウマ体験を重ねることで，二次的にすべての運動を嫌いになる（回避する）人も多いものと思われます。

　DCD の思春期以降の併存症・続発症を防ぐため，DCD をもつ子どもが早期

に発見され，できるだけ安心して暮らしていくことのできる環境が提供でき，その子の「強み」を活かして世の中に折り合っていけるように，介入・支援が行われることが望まれます。

（今村　明・山本 直毅・疋田　琳・熊﨑 博一）

文献

今村 明・森本 芳郎・山本 直毅・金替 伸治・三宅 通・松坂 雄亮・田山 達之・小澤 寛樹（2021）．発達障害（発達症）のある子どもの「困難さ」を理解し「強み」を活かす　教育と医学，804. 188-196.

Lobin H.（2011）．無限振子――精神科医となった自閉症者の声無き叫び――　協同医書出版社

野坂 祐子（2019）．トラウマインフォームドケア――"問題行動"を捉えなおす援助の視点――　日本評論社

World Health Organization: ICD-11 for Mortality and Morbidity Statistics (Version: 02/2022). 6A04 Developmental motor coordination disorder. Retrieved from https://icd.who.int/browse11/l-m/en（2023年 9 月 1 日）

山田 隆一（2019）．僕は発達凸凹の大学生――「発達障害」を越えて――　星和書店

第6章

地域でのDCD支援の取り組みの課題

はじめに

　筆者が発達性協調運動症（DCD）のある子どもたちと初めて出会ったのは，四半世紀以上前のおそらく大学3年生の頃です。まだDCDの存在を知りませんでした。筆者が関わっていたNPO法人アスペ・エルデの会にいたのは，自閉スペクトラム症（ASD）や注意欠如・多動症（ADHD），学習障害（LD）の診断のある子どもで，一人ひとり極端に不器用さがありましたが，DCDの診断はついていません。そのような子どもたちが毎月1回集まる活動があり，筆者はそこで野球やサッカーなどをして遊んだりしていました。子どもたちは，ボールとずれた位置でグラブを構えたりタイミングも早かったり遅かったりしてキャッチできない，投げられない（ボールが手から離れない）。打てない。など，簡単にアウトになってしまいます。そのため，空振りは5回でアウト（三振ではなく五振）にしたり，凡打になったら1回はやり直しができたりするなどの独自のルールを作っていきました。そして，回を重ねる中で少しずつ上手になっていき，参加する子どもも増えていきました。

　DCDを知ったのは，辻井正次先生と宮原資英先生の『子どもの不器用さ――その影響と発達的援助』（ブレーン出版）です。

　その後は，アスペ・エルデの会の活動に岩永竜一郎先生にも参加していただき，不器用さのある子どもたちへのプログラム開発にも取り組むなどして，DCD の子どもへの支援についても学び，不器用さへの支援の大切さを痛感しました。

　現在，DCD も発達障害の一つとして知られるようになってきましたが，障害児者支援に携わる人たちの中でもまだ一部に知られているにすぎない状況です。

　DCD のある人たちへの具体的な支援方法は，他の章でさまざまな専門家が執筆していますので，本稿では DCD のある人たちが，地域で活用できる支援施策などについて紹介していきます。

1　DCD の日本での位置づけ

　DCD は日本では発達障害の一つです。2015年から施行された発達障害者支援法において，発達障害の定義は「自閉症，アスペルガー症候群その他の広汎性発達障害，学習障害，注意欠陥多動性障害その他これに類する脳機能の障害であってその症状が通常低年齢において発現するものとして政令で定めるものをいう。」とあります。この発達障害の範囲については，2015年4月1日付の文部科学事務次官・厚生労働事務次官通知で，世界保健機関（WHO）が作成する国際疾病分類第10版（ICD-10）における「心理的発達の障害（F80 – F89）」及び「小児〈児童〉期及び青年期に通常発症する行動及び情緒の障害（F90 – F98）」に含まれる障害であること。」と示しています。DCD は，この ICD-10 の「運動機能の特異的発達障害（F82）：Specific developmental disorder of motor function」に当たります。また，アメリカ精神医学会の診断と統計マニュアル「DSM-5」では，「発達性協調運動障害（症）：Developmental coordination disorder」に該当します。さらに，2022年1月に WHO が発効した国際疾病分類第11版（ICD-11）では，DCD は「神経発達症群※：Neuro developmental disorders」の群に整理され，「発達性協調運動症※：Developmental motor coordination disorder」と DSM-5 と近い英語

表記になっています（※ICD-11 は 2023年8月現在和訳作業中です）。

　2016年の発達障害者支援法の改正時には，発達障害の定義にある「その他」に含まれるチック症や吃音症，DCD などの顕在化されにくいの発達障害に対する周囲の理解や配慮の重要性についても指摘されており，法律の中でも「個々の発達障害者の特性に応じた」支援や配慮について記載されています。

　また，発達障害者支援法の成立に伴い，障害者基本法や障害を理由とする差別の解消の推進に関する法律（障害者差別解消法），障害者の雇用の促進等に関する法律（障害者雇用促進法）などにおいても，発達障害者もこれらの「障害」に含まれることが明記され，法律上では，DCD の診断がある場合「合理的配慮」も受けられるようになりました。

　DCD は 5 〜 6 ％ の 子 ど も に み ら れ（APA，2013），ADHD児 の 55 ％（Watemberg, Waiserberg, Zuk& Lerman-Sagie, 2007），ASD児の79%（Roberts, Aylott, Kaplan, 2009）が DCD を併せもっているという報告もあります。また，厚生労働省が3年ごとに実施している患者調査では，1日に DCD で受診する患者数（推計）は，2008年3,000人，2017年7,000人，そして，2020年13,000人と増加してきていることが確認できます（平成20年患者調査/平成29年患者調査/令和2年患者調査，厚生労働省）。

　厚生労働省平成30年度障害者総合福祉推進事業で，顕在化されにくい発達障害（読み書き障害，チック，吃音，DCD）の特性に気づくためのチェックリスト（CLASP）を開発し，その活用マニュアルが作成されています。就学前の幼児を対象に，乳幼児健診や幼稚園，保育所で活用できるものです。また，医療機関や障害児者の福祉サービス事業所においては DCD に対する理解が不十分であることが確認できます。ADHD や ASD との併発の割合も多く，そうした場合は DCD としてではなく，ADHD や ASD等による不器用という認識していることが考えられます。DCD児への支援の必要性は高まってきており，DCD をアセスメントするツールの活用も支援に必要です。第3章**3**で紹介した質問紙も広く活用されることで，子どもの不器用さに早期に気づき，適切な支援が早くから受けられるようになり，子ども自身が多くの成功体験を増やし，将来の生活の可能性も広がっていくことが期待されます。

2 DCD の人たちが活用できる施策

　DCD のある人は，発達障害が対象となっている施策を利用することができます。まずは，発達障害者のための施策についてみていきます。

表6-1　発達障害者支援施策等

○総合的な支援
・「発達障害者支援センター」における相談支援等［都道府県・指定都市］
・発達障害者地域支援マネジャーの配置等による発達障害者支援体制整備事業［都道府県・指定都市］
○早期の発見・早期の診断・早期の支援
・かかりつけ医等発達障害対応力向上研修事業［都道府県・指定都市］
・発達障害専門医療機関初診待機解消事業［都道府県・指定都市］
・巡回支援専門員整備［市町村］
○地域での継続的な医療の対応
・発達障害専門医療機関ネットワーク構築事業［都道府県・指定都市］
○発達障害児への発達支援(児童福祉法に基づく給付)
・児童発達支援
・放課後等デイサービス
・保育所等訪問支援
・相談支援事業
・保育所等訪問
○家族等への支援
・発達障害児者及び家族等支援事業［都道府県・市町村］
○関係機関の連携
・家庭・教育・福祉連携推進事業［市町村］
○地域の障害児者支援体制整備
・地域自立支援協議会

参考：厚生労働省（2023）．社会・援護局障害保健福祉部障害福祉課障害児・発達障害者支援室資料を一部加工

発達障害者支援法には，子どもから大人まで切れ目のない支援，家族等を含めたきめ細かな支援，身近な場所で受けられる支援という３つの柱があります。早期の発見から支援までを身近な場所で実施できることが大切です。地域によって人口規模や面積，その他さまざまな環境が異なるため，地域特性に応じた支援の在り方を各地域で進めていくことが求められます。国も発達障害児者支援に対する施策をいろいろ創設しているので，それらの事業においても DCD 児者への支援の促進をすることができるとよいでしょう。

　表6-1 には，発達障害者への支援施策や障害児支援サービス，地域での障害者の支援体制整備等の施策を示しています。

　発達障害者支援センターや発達障害者地域支援マネジャー（地マネ）は，都道府県と政令指定都市に設置，配置されるものです。特に発達障害者支援センターは地域の発達障害者支援における中核的な専門機関であり，当事者や家族，事業所などの相談支援や地域の支援体制づくりや人材育成などを行っています。都道府県によっては，圏域ごとに設置されているところもあります。地マネは発達障害者支援センターを補完する形で，管轄内の市町村や事業所等を訪問し，困難事例の助言なども行っています。発達障害者支援地域協議会も都道府県や政令指定都市に設置することになっていますので，この協議会で DCD についての支援を検討することもできます。

　早期発見や早期介入ということでは，市町村で巡回支援専門員を配置して，幼稚園や保育所など発達障害児やその家族が集まる場を巡回しながら，発達障害がある子どもや気になる子どものことについて各施設の職員にアセスメントや支援に関する情報の提供などをすることができます。実際に作業療法士などの専門職が巡回しながら，DCD の子どもへの支援の工夫について職員にアドバイスをしている地域もいくつかあります。また，１歳半健康診査（健診）や３歳児健診，５歳児健診，就学時健診の場にも訪問し，そこで DCD についても発見できるように，保健師のサポートに入ることもできます。１歳半健診では M-CHAT（Modified Checklist for Autism in Toddlers），３歳児健診では PARS-TR（Parent-interview ASD Rating Scale-Text Rerision）を活用している地域が増えてきていますが，５歳児健診や就学時健診では前述した CLASP（Check List of obscure disAbilitieS in Preschoolers）を活用することができる

ので，巡回支援専門員のこれらのアセスメントツールの普及に向けた取組が期待されます。

　学校と障害児の福祉サービス事業所との連携については，家庭・教育・福祉連携推進事業があります。この事業は，市町村に配置された地域連携推進マネジャーが，教育側と福祉側が共に参加できる会議や研修を調整し，双方で発達障害児の支援について共通認識を図り，つながりのある支援の実施ができるようにすることを目的で創設されました。もう一つは保護者支援で，教育や福祉などさまざまな相談窓口で手続きをすることになるため，どこに行けばよいか迷ったり，似たような説明や手続きを各窓口でしたりすることの負担もあることからそれらの支援をします。不器用さがあることで，字を書く，字を消す，ハサミで切る，体操服に着替える，長時間座っているなどがうまくできず，失敗体験や嫌がらせに遭うことなどにつながるため，DCD への対応は重要です。放課後等デイサービス（放デイ）を利用している児童生徒の場合は，学校と放デイとが支援について情報共有をして，お互いの役割を確認することでよりよい支援ができるため，この家庭・教育・福祉連携推進事業も有効に活用できると考えられます。

　また，発達障害児者及び家族等支援事業では，当事者同士の集まりや青年期の居場所支援も実施ができます。例えば，DCD があることでの日常生活や社会生活での悩みや工夫を語り合うような場を設定してもよいと思います。専門家などによる DCD への対応について学ぶこともできます。

3　DCD児者の相談機関，支援機関

　表6-2 は DCD のある人が利用できる支援機関等を示しています。発達障害については，気づきの場として保健センター等での乳幼児健診（1 歳半健診や3 歳児健診など）があります。また，CLASP 等を用いることで幼稚園や保育所や認定こども園でも気づきの機会の役割を担うことができます。

　次に，DCD に気づいたらどこに相談に行けばよいかについてです。DCD は発達障害の 1 つなので，発達障害者支援センターに相談することができます。

また，より身近な相談機関では，子どもであれば児童発達支援センター，大人であれば基幹相談支援センターが挙げられます。しかし，児童発達支援センターや基幹相談支援センターが設置されていない市町村の場合は，障害者相談支

表6-2　DCD に関する相談機関，支援機関

	気づきの機会になる機関	DCD を知るための機関	DCD の支援の相談機関	DCD の支援機関
全年齢	・保健センター	・発達障害者支援センター ・医療機関 ・保健センター	・発達障害者支援センター ・医療機関 ・保健センター	・発達障害者支援センター ・医療機関
就学前	・保健センター 　保健師による乳幼児健診等 ・幼稚園，保育所，認定こども園 　幼稚園教諭，保育士等による CLASP の活用	・児童発達支援センター ・医療機関 　小児科，小児神経科，児童精神科	・障害児相談支援事業所	・児童発達支援
学齢期	・学校 　担任教員，養護教員，スクールカウンセラーなど		・学校 　特別支援教育コーディネーター 　養護教諭	・放課後等デイサービス ・学校 ・通級指導教室・特別支援教室
成人期	・職場	・基幹相談支援センター ・医療機関 　精神科 ・職場 　産業医・職場内のジョブコーチ	・相談支援事業所 ・ハローワーク ・障害者就業・生活支援センター ・職場 　産業医・職場内のジョブコーチ	・就労移行支援 ・就労継続支援（A型・B型） ・就労定着支援 ・ハローワーク 　雇用トータルサポーター ・障害者職業センター 　ジョブコーチ（職場適応援助者）

※これらの機関は DCD も相談や支援の対象ですが，現在は DCD の対応ができるところは限られています。

援事業所や指定特定相談支援事業所や特定障害児相談支援事業所といった相談支援事業所があります。

　医療機関の場合は，小児科や小児神経科，児童精神科，精神科などが相談先として挙げられます。

　発達支援等が受けられる支援機関は，未就学児は児童発達支援，就学している児童であれば放課後等デイサービスの事業所が挙げられます。

　就労支援として，障害福祉サービスでは，就労移行支援や就労継続支援，就労定着支援がありますが，その他にもハローワークによる相談支援や発達障害者雇用トータルサポーターによる支援もあります。また，地域障害者職業センターでは職業準備支援や就職後のジョブコーチ（職場適応援助者）による職場での支援があります。障害者就業・生活支援センターでも生活と就労に関する一体的な支援や企業訪問による支援を行います。これらの支援機関の中には，まだ DCD の支援について詳しくないところもありますが，支援機関が DCD による不器用さに対する対処の仕方を学んだり，本人だけでなく職場に対する合理的配慮の仕方を伝えたりすることで，本人も働きやすくなります。

　以上のようにさまざまな支援先があります。DCD の人は紙の資料をつかむ時に力が入り過ぎてしわをつけてしまったり，制服のボタンを留めるのが苦手で時間がかかってしまったり，立ち仕事でフラフラしているのを注意されたりなど，仕事でも困難さがあります。自動車製造業で働いているある人は，制服がファスナーなのでボタンを留める必要がなかったのですが，冠婚葬祭でシャツのボタンを留めなければならない時があり，“自分はボタンを留めるのが苦手だったことを思い出した”というエピソードを語ってくれました。また，学校で作業療法士にクッションを作ってもらったことで授業中座っていることができたとか，以前は電車やバスを利用する時に，乗車券の購入や乗降時の支払いの時に小銭を財布から出すのに時間がかかっていたが，現在は IC カードになりスムーズに公共交通機関を利用することができるようにもなったという人もいます。これは，不器用さがあっても状況によっては困らず生活できるということも意味しています。つまり，周囲の配慮や支援先が増えて一人ひとりに合った対応を受けられるようになることが DCD のある人の生きやすさにつながります。

4 各地域での取り組みの課題とこれからの期待

　ここまで，子どもから大人までのDCDのある人が活用できる支援機関について紹介してきましたが，ASDやADHD以外のDCDやチック症，吃音などの顕在化しにくい発達障害については，これらのどの支援機関においても対応が可能というわけではありません。不器用さに対する認識はあっても，DCDという疾患名についてはまだ十分知られていないのが現状です。「平成30年度障害者雇用実態調査」（厚生労働省）でも，発達障害者の企業での雇用状況については，ASDは76.0％，ADHDは2.1％となっています。言語障害，協調運動の障害については0.1％であり，DCDのことが企業に確認されて就労している人は非常に少ないことがわかります。

　令和4年度に厚生労働省の障害者総合福祉推進事業で実施したDCDに関する調査でも，ASDやADHDのある人たちに不器用さがあることを知っている支援者は多いのですが，DCDという疾患について理解している支援者は少ないという結果でした。それでも不器用さへの対応はとても重要であると認識をしている支援者は増加しているように感じます。だからこそ，アセスメントができる環境やそのアセスメントを支援計画に活用できる機会を広げていくことがこれからの課題になってきます。

　例えば，国内で標準化された共通のアセスメントツールが活用されるようになることも大切です。そのようなアセスメントの開発が必要ですが，アセスメントツールの活用やその検査をする人の配置にはコストがかかります。診療報酬に収載されることで，DCD本人や家族の医療費の負担の軽減にもつながります。また，DCDのアセスメントツールの結果を，福祉や教育の支援機関とも共有ができることで，それぞれの場所において一人ひとりに適した支援を計画することができるようになります。ASDやADHDの特性としての不器用さということではなく，DCDという一つの発達障害の特性として捉えることができれば，これまで気づかれなかったその人の生活の困難さを発見することができ，適切な支援につながります。

　ある自治体では，作業療法士が巡回支援専門員として保育所を巡回し，保育

士に対して具体的にアドバイスしているそうです。例えば，工作をしている時に，DCD 児が作るものを周囲の子どもよりも一回り大きいものにすることや厚みのある紙を扱い持ちやすくなることなどを助言することで，DCD のある子が楽しく工作に参加できるように保育士がさらに工夫をし，その子は"周りの子どもと楽しく工作に参加し，完成させてとても喜んでいた"というエピソードもあります。このように，DCD に関するアセスメントと支援に関する助言などの他機関や多職種による連携の機会が増えてくると，DCD 児者も多くの活動に参加しやすくなり，できることも増えてくるのではないでしょうか。また，地域の自立支援協議会で DCD について周知する機会を設けたり，研修で DCD を取り上げ，多職種が連携し合える体制を検討したりすることもできます。

　表6-2 でも示しましたが，DCD も対象となる支援機関はライフステージごとでさまざまありますが，まだ DCD の専門性を有している機関は少ないと思います。だからといって，DCD 当事者がこれらの支援機関を利用しないとアセスメントや支援の実践の機会が得られず，専門性を培っていくことができません。ですから，積極的に支援機関を利用し，DCD の専門性の必要を働きかけていくことが，社会的にも DCD についての理解啓発や DCD の支援の普及につながっていくことになります。

おわりに

　DCD は，最近になって国の調査研究においてもテーマとして取り上げられ，アセスメントや支援について検討されるようになりました。発達障害の1つで ASD や ADHD にも併発してみられるものとして，また幼少期から成人期まで，DCD の特性があることで，日常生活のさまざまな場面で困難さを抱え，現場においてもその支援の必要性について把握されるようになってきています。

　しかし，本邦においてはこの DCD のアセスメントや DCD の支援が提供できる機関の整備などが今後の課題としてあります。DCD のある人たちが日常生活を送りやすくなるために，医療や教育，福祉などのより多くの支援機関で

適切な支援ができるように，これらの課題を一つずつクリアしていくことが必要になります。

（田中 尚樹）

文献

American Psychiatric Association（2013）. *Diagnostic and statistical manual of mental disorders (5th ed.)*. Washington, DC.

発達障害の支援を考える議員連盟（編著）（2017）. 改正発達障害者支援法の解説―正しい理解と支援の拡大を目指して　ぎょうせい

厚生労働省（2016）. 平成28年度厚生労働科学研究費補助金事業「顕在化しにくい発達障害の特性を早期に抽出するアセスメントツールの開発」報告書.

厚生労働省（2017）. 平成29年度厚生労働科学研究費補助金事業「顕在化しにくい発達障害の特性を早期に抽出するアセスメントツールの開発」報告書.

厚生労働省（2018）. 平成30年度障害者雇用実態調査結果. 厚生労働省職業安定局. Retrieved from https://www.mhlw.go.jp/content/11601000/000521376.pdf（引用2023-8-2）

厚生労働省（2020）. 平成30年度障害者総合福祉推進事業「発達障害の読み書き障害, チック, 吃音, 不器用の特性に気づくチェックリスト活用マニュアルの作成に関する調査」. 国立精神・神経医療研究センター

厚生労働省（2020）. 令和2年度障害者福祉総合支援事業「発達障害児者の感覚の問題に対する評価と支援の有用性の調査」報告書. 国立大学法人長崎大学（2021）

厚生労働省（2022）. 令和4年度障害者総合福祉推進事業「協調運動の障害の早期の発見と適切な支援の普及のための調査」報告書. 国立大学法人長崎大学（2021）

厚生労働省（2023）. 社会・援護局障害保健福祉部障害福祉課障害児・発達障害者支援室資料「発達障害者の支援について」Retrieved from http://www.rehab.go.jp/application/files/7416/9335/4560/5.pdf（2024年3月11日閲覧）

厚生労働省. 患者調査. 平成20年患者調査 閲覧（報告書非掲載表）第100表 総患者数, 傷病基本分類別. Retrieved from https://www.e-stat.go.jp/stat-search/database?statdisp_id=0003028039（2024年3月12日）

厚生労働省. 患者調査. 平成29年患者調査 閲覧（報告書非掲載表）第95表 総患者数, 傷病基本分類別 Retrieved from https://www.e-stat.go.jp/dbview?sid=0003315902（2024年3月12日）

厚生労働省. 患者調査. 令和2年患者調査 全国編 閲覧（報告書非掲載表） 第

119表　総患者数，傷病基本分類別　Retrieved from https://www.e-stat.go.jp/stat-search/files?stat_infid=000032212145（2024年3月12日）

文部科学省・厚生労働省（2015）．文部科学事務次官・厚生労働事務次官通知　発達障害者支援法施行について

辻井 正次・宮原 資英（編著）（1999）．子どもの不器用さ──その影響と発達的援助── ブレーン出版

Watemberg, N., Waiserberg, N., Zuk, L., Lerman-Sagie, T.: Developmental coordination disorder in children with attention-deficit-hyperactivity disorder and physical therapy intervention. Dev Med Child Neurol. 49:920 − 5. 2007

Wilson, B.N., Crawford, S.G., Green, D. 日本発達系作業療法学会誌第 5 巻第 1 号 21 − Roberts, G., Aylott, A., Kaplan, B.J.: Psychometric properties of the revised Developmental Coordination Disorder Questionnaire. Phys Occup Ther Pediatr. 29:182 − 202, 2009

第7章

これからの DCD のある子どもたち への支援の在り方

1 はじめに

　本書では，発達性協調運動症（DCD）のある子どもたちへの気づきをもち，必要な支援ニーズがある場合に DCD としての診断的なアセスメントを行うとともに，実際の支援の DCD のある子どもたちのさまざまな場面でどういう支援が有効かを書いています。DCD がまだ社会的によく認知されていないために，DCD が発達障害者支援法において，法的に支援の必要性が認められているにもかかわらず，十分に支援されていない状況もあります。本書の内容が広く活用され，DCD のある子どもたち（あるいは大人たち）に必要な支援を合理的配慮として提供できるようになることが望まれます。

2 DCD として支援ニーズを位置づける意義

　DCD については，発達障害者支援法第二条において「その他これに類する脳機能の障害」に位置づけられており，他の発達障害と同じように，「発達障害者が基本的人権を享有する個人としての尊厳にふさわしい日常生活又は社会

生活を営むことができるよう，発達障害を早期に発見し，発達支援を行うことに関する国及び地方公共団体の責務を明らかにするとともに，学校教育における発達障害者への支援，発達障害者の就労の支援，発達障害者支援センターの指定等について定めることにより，発達障害者の自立及び社会参加のためのその生活全般にわたる支援を図り，もって全ての国民が，障害の有無によって分け隔てられることなく，相互に人格と個性を尊重し合いながら共生する社会の実現に資する」ことが定められています。DCDは一見しただけではわかりにくく，一般的な手先の不器用さや運動の不器用さとの連続性の中で位置づけられるものだけに，それを障害（支援を受ける権利を有する）として認識されづらく，平均的に期待される行動ができないことに関して，できないことを叱責されたり嘲笑されたりすることが起こりがちになります。体育における運動だけではなく，協調運動が書字やリコーダー，描画など，さまざまな活動に関連していることも理解される必要があります。多様性（ダイバーシティ）という観点で，運動そのものの苦手さといったものに対する合理的配慮がなされることが望まれます。

❸ 発達障害の併存症と，DCDがあることでの子どもたちの社会適応への影響

　基本的に，DCDのみの子どもよりも，他の発達障害の併存症として頻繁に見出すことができます。自閉スペクトラム症（ASD）や注意欠如・多動症（ADHD）などとともにDCDがあることで，さらに学校などでの社会適応状況がうまくいかなくなることが指摘されています。例えば，中島他（2022）では，一般小中学生における運動能力を媒介とした自閉スペクトラム特性と心理社会的不適応（友人関係問題，抑うつ）の関連プロセスを検証しました。小学4年生から中学3年生の5,084組の一般小中学生および保護者から得られた大規模データを用いて検討を行い，パス解析の結果（図7-1），ASD特性が高いほど運動能力の苦手さがみられること，また，ASD特性と抑うつとの関連においては26%が，ASD特性と友人関係問題の関連については小学生で25%，中

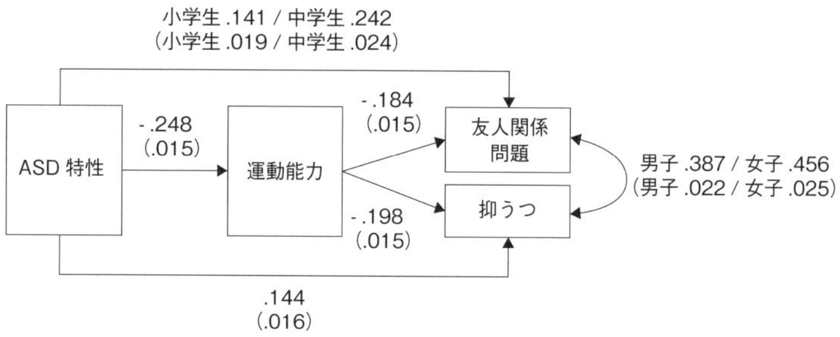

小学生 .141 / 中学生 .242
(小学生 .019 / 中学生 .024)

ASD 特性 → 運動能力 −.248 (.015)

運動能力 → 友人関係問題 −.184 (.015)

運動能力 → 抑うつ −.198 (.015)

男子 .387 / 女子 .456
(男子 .022 / 女子 .025)

.144 (.016)

図7-1 パス解析の結果（中島他，2022）（あらかじめすべての変数を性別・学年ごとに z 得点化した上で分析。括弧内は標準誤差。すべての係数は 0.1％水準で有意。スラッシュで区切られた数値は，多母集団分析で係数の有意差が見られたもの。誤差変数は省略)

学生で 16％ が運動能力を媒介した間接効果であったことが示されました。これらの関連においていずれの性別および学校段階においても有意な効果の差は見られなかったことから，性別および学校段階によらず心理社会的不適応に対して運動能力が一定の寄与を果たしていることが示唆されました。

4 学校教育の中で DCD の障害特性への合理的配慮を提供する

　本書でも多くの重要な指摘があるように，学校教育において，DCD の障害特性に対する合理的配慮は極めて重要です。課題達成がうまくいかない原因を「練習不足」等の理由に安易に帰属されるべきではありません。DCD のある子どもたちなりに取り組むことができ成果をあげられるということが重要です。書字の課題が大きい場合，将来的に PC やタブレットでの活動で代替できるのであれば，必要以上の指導は不要であるとも言えます。また，学校生活の中でのみ問題になるようなもの，例えば，体育での鉄棒等に関しては，できないならできないで大きな問題はないということもできます。

　あくまでも，子ども自身がどうしたいのかという本人の自己選択を十分に尊

重しつつ，学業達成への取り組みが難しいことで，不登校等の不適応になるリスクは最小限になるような配慮は必要であり，また保障された権利でもあると思われます。作業療法士（OT）や理学療法士（PT）の学校への派遣などによって，専門的な知見に基づく支援がなされることを期待します。

⑤　障害児福祉サービスの中で DCD の障害特性への支援を提供する

　児童発達支援センターや児童発達支援事業所，放課後等デイサービス等において，多くの発達障害等のある子どもたちが障害児福祉サービスを利用しています。しかし，残念ながら，相談支援における個別支援計画の策定や，実際の支援において，障害特性に対する十分な配慮がなされていない実態があります。今後，本書が障害児福祉サービス事業所においてよりよく活用され，障害特性にそった適切な支援が DCD のある子どもたちに提供されることを期待します。

⑥　おわりに

　本書によって，DCD のある子どもたちに対する早期の支援ニーズの把握や効果的な支援方法の普及が行われることが期待されます。一方で，DCD のある成人たちに対する支援の実態はいまだに明らかではなく，また，障害者福祉サービスにおいて適切な支援が行われているとも言えません。今後，さらにライフステージを通した支援体制の実現のために，さらに DCD の人たちに対する実態把握が求められるものと考えます。

（辻井 正次）

文献

中島 卓裕・伊藤 大幸・村山恭朗・明翫 光宜・高柳 伸哉・浜田 恵・辻井正次（2022）．
　　一般小中学生における ASD特性と運動能力及び心理社会的適応との関連　発達
　　心理学研究, *33*(1), 40-50.

編著者・執筆者　＊は編著者

＊岩永竜一郎　〈はじめに・第 1 章・第 3 章 **3**・**4**〉
　長崎大学生命医科学域（保健学系）教授

　北　　洋輔　〈第 2 章・第 3 章 **2**〉
　慶應義塾大学文学部准教授

　斉藤まなぶ　〈第 3 章 **1**〉
　弘前大学大学院保健学研究科教授

　東恩納拓也　〈第 4 章 **1**・**5**〉
　東京家政大学健康科学部助教

　塩津　裕康　〈第 4 章 **2**〉
　中部大学生命健康科学部講師

　平田　正吾　〈第 4 章 **3**〉
　東京学芸大学教育学部准教授

　酒井　康年　〈第 4 章 **4**〉
　うめだ・あけぼの学園副園長

　柏木　　充　〈第 5 章 **1**〉
　市立ひらかた病院小児科部長

　黒川　駿哉　〈第 5 章 **2**〉
　慶應義塾大学精神・神経科学教室特任助教

　今村　　明　〈第 5 章 **3**〉
　長崎大学生命医科学域保健学系作業療法学分野

　山本　直毅　〈第 5 章 **3**〉
　長崎大学病院地域連携児童思春期精神医学診療部

　疋田　　琳　〈第 5 章 **3**〉
　長崎大学病院地域連携児童思春期精神医学診療部

　熊﨑　博一　〈第 5 章 **3**〉
　長崎大学病院地域連携児童思春期精神医学診療部

　田中　尚樹　〈第 6 章〉
　青森県立保健大学健康科学部講師

＊辻井　正次　〈第 7 章〉
　中京大学現代社会学部教授

（所属・肩書きは 2024 年 3 月時点）

編著者紹介

岩永 竜一郎（いわなが・りょういちろう）

長崎大学生命医科学域（保健学系）教授／長崎大学子どもの心の医療・教育センター センター長

長崎大学大学院医歯薬学総合研究科修了／博士（医学）

作業療法士／認定作業療法士／自閉症スペクトラム支援士エキスパート／特別支援教育士スーパーバイザー

著書に『自閉症スペクトラムの子どもへの感覚・運動の問題への対処法』（東京書籍），「発達症のある子どもの支援入門；行動や対人関係が気になる幼児の保育・教育・療育」（同成社），監訳書に『感覚統合の発達と支援』（A.J.エアーズ著／金子書房），『子どもの「できた！」を支援する CO-OPアプローチ；認知ストラテジーを用いた作業遂行の問題解決法』などがある。

辻井 正次（つじい・まさつぐ）

中京大学現代社会学部 教授／浜松医科大学子どものこころの発達研究センター／NPO法人アスペ・エルデの会 CEO・統括ディレクター／日本DCD学会 代表理事／日本小児精神神経学会 理事／日本発達者ネットワーク 理事／日本発達障害学会 評議員

1992年に発達障害児者のための生涯発達支援システム「アスペ・エルデの会」を設立。発達障害児者の発達支援システムや発達支援技法の開発，専門家養成などに取り組んでいる。

著訳書に『発達性協調運動障害［DCD］』『発達障害児者支援とアセスメントのガイドライン』（監修／金子書房），『自閉症スペクトラム障害の診断・評価必携マニュアル』（監訳／東京書籍）ほか多数。『PNPS 肯定的・否定的養育行動尺度』（金子書房），『Vineland-II適応行動度日本版』『SP感覚プロファイル日本版』（日本文化科学社）の監修に携わる。

不器用・運動が苦手な子の理解と支援のガイドブック
DCD（発達性協調運動症）入門

2024年4月30日　初版第1刷発行　　　　　　　　　　　　［検印省略］

編著者　岩 永 竜 一 郎
　　　　辻 井 正 次
発行者　金 子 紀 子
発行所　株式会社　金 子 書 房
　　　　〒112-0012　東京都文京区大塚3－3－7
　　　　TEL　03-3941-0111㈹
　　　　FAX　03-3941-0163
　　　　振替　00180-9-103376
　　　　URL　https://www.kanekoshobo.co.jp
印刷／藤原印刷株式会社
製本／有限会社井上製本所
装幀／INABA STUDIO
本文組版／株式会社APERTO